Albrecht Kaul

Sohn des Untergrunds

Das Leben von Isaac Liu –
dem Sohn des Heavenly Man

Brunnen Verlag / AVC

www.brunnen-verlag.de
Umschlagfotos: Shutterstock, AVC
Umschlaggestaltung: Ralf Simon
Satz: DTP Brunnen
Druck: CPI – Ebner & Spiegel, Ulm
ISBN 978-3-7655-4112-4

Inhalt

1 Ich war der Sohn eines Staatsfeindes

Unsere Familie war dem chinesischen Staat von Anfang an verdächtig. Mein Vater hatte schon als junger Mann an vielen Orten in China von Jesus erzählt. Dadurch waren unzählige Menschen Christen geworden, und Jesus hatte ihr Leben grundlegend verändert. Damit Sie im Glauben wuchsen hatte mein Vater zahlreiche neue Gemeinden gegründet.

Diese Arbeit als Evangelist war aber in China verboten. Wie ich noch erzählen werde, durfte nur in den offiziellen, vom kommunistischen Staat kontrollierten Kirchen gepredigt werden. Neue Gemeinden zu gründen, war erst recht illegal. Deshalb wurde mein Vater als „Staatsfeind" angesehen. Er lebte also mit einem großen Risiko.

Aber die Menschen in China hatten an vielen Orten genug vom Kommunismus. Sie fühlten sich leer und suchten nach einem Sinn für ihr Leben. Deshalb waren sie so offen für den Glauben an Jesus. Wenn mein Vater das Evangelium predigte, ging immer was los.

Das Leben mit einem „Staatsfeind" war für die ganze Familie gefährlich. Das bekam meine Ma schon vor der Hochzeit zu spüren. Sie war siebzehn und stand mit meinem Vater im Rathaus, um sich für die Eheschließung eintragen zu lassen. Er war einundzwanzig. Ihre Eheanmeldung wurde zwar angenommen, aber mein Vater wurde direkt dort verhaftet und in die Stadt gefahren – man hätte da etwas zu klären. Er war bereits in der ganzen Gegend als Evangelist bekannt, und allein das galt in den Augen der Staatspolizei als Verbrechen. Gebetsversammlungen in den

Dörfern wollte man nicht verbieten, aber herumreisende Prediger, die diese „abergläubischen Verdummungen“ weiterverbreiteten, waren dem Staat zu gefährlich.

Nach einigen Monaten mit Verhören, Schlägen und Beleidigungen setzten sie ihn wieder auf freien Fuß. So kam es, dass die Hochzeit meiner Eltern erst ein knappes Jahr später stattfinden konnte. Mein Vater hörte aber nicht auf, heimlich zu reisen und von Jesus zu predigen. Der Leiter des Amtes für Öffentliche Sicherheit spionierte ihm weiter ständig hinterher und verhaftete ihn, wo er ihn finden konnte.

Meine Mutter hatte meinem Vater ihr Jawort aus eigenem Entschluss gegeben, obwohl die Ehe noch durch die Mütter arrangiert worden war. Sie war stolz, einen Prediger des Evangeliums zu heiraten, denn auch ihr Leben gehörte ganz diesem Gott.

Als meine Mutter dann mit mir schwanger war, begann eine wirklich schwere Zeit für sie. Die harte Arbeit auf den Feldern, die schlechte Ernährung in diesen Monaten, mein Vater im Gefängnis und dazu der Spott und die Verachtung der Leute in unserem Dorf – das alles machte ihr sehr zu schaffen.

Lange konnte sie die Schwangerschaft geheim halten. Sie ahnte, dass man sonst mit ihr auch so verfahren würde wie mit anderen Frauen von „Staatsfeinden“. Ab dem siebenten Monat war es nicht mehr zu verheimlichen. Sie konnte sich auch nicht verstecken – was andere Schwangere taten –, denn sie musste aufs Feld und am Leben im Dorf teilnehmen. So kamen eines Abends zwei Polizisten und befahlen ihr, das Kind eines illegalen Predigers abtreiben zu lassen. In drei Tagen solle sie sich im Krankenhaus der Kreisstadt melden, sonst werde sie mit Gewalt abgeholt und eingeliefert.

Was das hieß, wusste Ma aus geheim kursierenden Berichten: Ein Lastwagen fuhr vor, die Frau wurde auf die Ladefläche geworfen. Dort wurde sie mit Tritten und Schlägen empfangen. Dann ging es ungebremst über die schlechten Straßen bis in die Stadt. Die meisten Frauen brachten auf diesem rollenden und springenden Folterinstrument ihre Kinder zur Welt. Die Fehlgeburten – und oft lebende Frühgeborene – wurden vom Wagen in den Graben oder von einer Brücke in den Fluss geworfen, und die Frauen wurden schließlich im Krankenhaus wie Aussätzige behandelt. Viele überstanden diese furchtbare Tortur nicht, einige sprangen vom Wagen und kamen so ums Leben. Wer sein Kind noch nicht verloren hatte, erlebte im Krankenhaus eine schmerzhafte Abtreibung ohne Narkose.

In ihrer Angst flüchtete sich meine Mutter ins Gebet. Nur Gott konnte jetzt noch helfen. Auf die Hilfe durch meinen Vater musste sie ja total verzichten, er wusste nicht einmal, in welcher furchtbaren Situation sie sich befand. Untertauchen konnte sie nicht, alle ihre Verwandten wohnten im Dorf oder im Nachbardorf. Dort würde man sie schnell finden. Weiter weg verstecken konnte sie sich auch nicht, sie wusste ja nicht wohin – und außerdem war eine Schwangere auf der Flucht immer verdächtig.

„Gott, du hast mir dieses Kind geschenkt, obwohl der Vater im Gefängnis sitzt. Erhalte mir dieses Kind, es soll auch einmal ganz für dich leben." Am Abend, bevor meine Mutter in die Stadt musste, kam ich als Frühgeburt zur Welt. Es waren keine hygienischen Tücher, keine Instrumente und keine Medikamente zur Hand. Eine Schüssel warmes Wasser und ein sauberes Handtuch, das war alles, was meine Großmutter auf die Schnelle bereitlegen konnte. Sie war auch die einzige Hilfe in dieser schwierigen Stunde.

Glücklich, wenn auch am Ende ihrer Kräfte, hielt mich meine Mutter im Arm. Nun war ich vom Gesetz geschützt und konnte nicht mehr umgebracht werden. Gott hatte mich in fast letzter Minute gerettet.

Dass ich die ersten Wochen ohne Inkubator und alle medizinische Hilfe überlebte, war ein weiteres Wunder Gottes. Klein, schrumplig und farblos soll ich ausgesehen haben. Wenn ich mich jetzt im Spiegel anschaue – und wenn ich bemerke, wie mich die Mädchen ansehen –, dann muss ich feststellen, dass Gott mich doch ziemlich ansehnlich gemacht hat …

Meinem Vater wurde die Nachricht von der Geburt seines Sohnes ins Gefängnis geschmuggelt. Er schrieb mir heimlich einen Brief, meinen ersten Brief, den ich natürlich erst viel später verstehen konnte. Darin legte er meinen Namen fest – Isaac. Der Name sollte verdeutlichen, schrieb er mir: „für Gott geopfert und doch wunderbar gebraucht, den Segen Gottes weiterzutragen“. Später hat mich dann die Geschichte von Abraham und seinem Sohn Isaak immer wieder begeistert. Im großen Gehorsam gegen Gott war Abraham sogar bereit, seinen Sohn so zu opfern, wie es die Völker der Umgebung praktizierten. Aber Gott will solche grausamen Opfer nicht und hat mit Isaak eine wunderbare Rettungsgeschichte inszeniert. Das alles schwingt bei meinem Namen mit – macht mich echt stolz!

Weiter stand in dem Brief: „Isaac, bevor du geboren wurdest, kam dein Vater ins Gefängnis, obwohl er nichts Böses getan hatte. Er hatte nur das Evangelium weitergesagt. Ich habe nur einen Wunsch für dein ganzes Leben: dass du Jesus nachfolgst, wie dein Name sagt. Ein Mann voll Glaube und Gehorsam sollst du werden, wie Isaak." Zum Schluss schrieb er: „Mein Sohn, wir sehen uns im Himmel. Dein dich liebender Vater."

Heute weiß ich: Er hatte in dieser schweren Zeit der Folter und der Qualen im Gefängnis sein Leben aufgegeben. Er rechnete nicht mehr damit, dass er eines Tages freikommen würde. Täglich lebte er in der Angst vor der Hinrichtung oder dass er die Qualen und Folterungen nicht mehr aushalten würde. Ihm schien damals klar, dieses würde der erste und der letzte Brief sein, den er an seinen Sohn schreiben konnte.

Eines Tages hieß es, mein Vater komme nach Hause! Das politische Klima hatte sich etwas gelockert. Er werde aus dem Gefängnis entlassen. Meine Mutter konnte die Freude kaum ertragen. Unfähig, irgendeine geregelte Arbeit zu tun, lief sie mit rotem Gesicht durchs Haus.

Meine Großmutter fuhr in die Stadt, um vom Büro für Öffentliche Sicherheit den genaueren Entlassungstermin zu erfahren, aber man beachtete sie nicht und gab ihr keine Auskunft.

Aber mir war unheimlich zumute. Was sollte jetzt ein Mann in unserem Haus? War er vielleicht doch ein böser Mann, so wie die Leute im Dorf meinten? Denn sie glaubten: Wenn jemand im Gefängnis saß, dann hatte das einen Grund. Dann war er sicher ein Verbrecher.

Und dann kam mein Vater allein in das Dorf, das er vier Jahre lang nicht gesehen hatte. Freunde hatten ihm eine

Busfahrkarte gekauft, aber er war so entlassen worden, dass er nur mit dem letzten Bus die Haltestelle zehn Kilometer außerhalb des Dorfes erreichte. Es war kalt und er erinnerte sich nicht mehr, wie wohlig warm ein geheiztes Haus sein konnte. Wie es war, seine Frau an sich zu drücken. Er spürte die Sehnsucht, seinen Sohn auf den Arm zu nehmen. Mein Vater würde mich ja jetzt zum ersten Mal sehen.

Die Haustür ist schon verschlossen, ich bin bereits auf meiner Matte eingeschlafen. Ma und mein Vater begrüßen sich wie Fremde, dann aber doch wie ein inniges Liebespaar. Schließlich weckt mich meine Mutter und sagt: „Dein Vater ist gekommen."

Unbeholfen gehe ich an ihrer Hand zur Tür und blicke den Fremden misstrauisch an. Er hockt sich hin und streckt mir die offenen Arme entgegen – aber ich verstecke mich hinter meiner Mutter. Dieser fremde Mann ist mir wirklich unheimlich. Was hat er mit mir zu tun? Ist er doch der Böse?

Dann sehe ich meinen Vater auf die Knie gehen. Er betet laut und leidenschaftlich, er lobt Gott über meinem Leben, er preist Gottes Güte und seinen Willen. Dann segnet er mich.

Diese Töne sind mir vertraut. Noch während er betet, gehe ich zu ihm und schlinge meine Arme um seinen Hals. Nun knien wir alle auf dem gestampften Lehm und danken Gott für seine Güte und Hilfe.

2 Ein Räuber, der Angst hatte

Weil mein Vater so wenig zu Hause sein konnte, war meine Großmutter ein ganz wichtiger Mensch für mich und die christlichen Gruppen in den umliegenden Dörfern. Sie war eine kleine, aber selbstbewusste Frau. Die Feldarbeit hatte sie krumm werden lassen, aber ihre Füße trugen sie noch treu über viele Kilometer und das oft Tag für Tag. Ich liebte sie, weil sie sich Zeit für mich nahm und mir die Liebe zu Gott ins Herz gegeben hat. Fast täglich war ich mit ihr unterwegs. Sie hieß Yun Qing Wu. Ich nannte sie Nai nai, wie bei uns die Omas väterlicherseits heißen. Sie nahm mich mit zu geheimen Treffen mit anderen Christen. Nach Singen, Beten und intensivem Bibelstudium brachen wir oft erst in der Abenddämmerung auf, um wieder unser Dorf zu erreichen. Dann ging es durch dunkle, schaurige Wälder, über weite, stürmische Felder oder am Fluss entlang mit seinen geheimnisvollen Biegungen und seinem unheimlichen Gurgeln.

Hinter dem knorrigen Baum dort, aus den sumpfigen Gräben zwischen den Reisfeldern oder hinter dem verfallenen Feldgrab konnte jederzeit ein böser Geist auftauchen! Im Rumoren des Flusses hörte ich bedrohliche Botschaften. Ihr müsst wissen, dass unser Dorf von der Furcht vor bösen Geistern und unheilvollen Gestalten geprägt war. Am Friedhof ging nachts niemand entlang, und auch am Tag hatten wir im Dorf immer eine unbestimmte Angst. Die ganze Natur war von Geistern besetzt, nicht nur von guten, glaubten wir. So sollten in hohlen Bäumen grausige Wesen hausen, die Kinder fraßen und ihnen bei lebendigem Leib das Herz herausschnitten.

Die Christen wussten zwar, dass dies alles nur Aberglaube war, aber die Furcht vor Dämonen und bösen Göttern saß tief in allen Bewohnern unseres Dorfes – und wurde von manchen geheimnisvollen Vorfällen und Unfällen auch genährt. Wenn ich Nai nais Hand dann fester fasste, spürte sie meine Angst. Dann erzählte sie mir von Gottes Schutz und seiner Treue, dass Jesus größer war als alle bösen Mächte und dass wir von ihm wie mit einer Schutzmauer umgeben waren. Ihr Vertrauen in den Gott des Himmels steckte mich an – bis ich wieder vor einem knackenden Ast fürchterlich erschrak.

Einmal lauerte uns auf einem Pfad durch den Wald ein Räuber auf. Er wollte Geld, sonst würde er uns niederstechen, drohte er. Seine Stimme klang aber eher ängstlich. Ungelenk fuchtelte er mit einer Reissichel herum.

Nai nai war viel ruhiger als er! „Mach dich aus dem Weg! Von uns kannst du nichts kriegen, wir sind arme Leute, und außerdem stehen wir unter dem Schutz des Großmeisters Jesus Christus."

Der Räuber schien verschreckt. Er schaute sich ängstlich um. Vielleicht wusste er nichts von Jesus Christus, aber das Wort „Großmeister" erinnerte an einen Könner der chinesischen Kampfkunst. Jedenfalls sprang er seitlich ins Gebüsch, stolperte über eine Wurzel und landete der Länge nach im Morast.

Trotzdem lief meine Großmutter anschließend schneller als sonst. Ich spürte ihre Erleichterung, als wir die ersten Häuser des Dorfes erreichten. Für mich war von diesem Abend an klar, dass von dem Namen Jesus eine besondere Kraft ausgeht.

3 Unser Dorf

Liu Lao Zhuang heißt unser Dorf. Es liegt in der Provinz Hubei, in Zentralchina. Ein Dorf wie Tausende im riesigen Reich der Mitte. Dort gab es keine Industrie, keine Banken oder Geschäfte, keine Schule und keinen Arzt. Niemand hatte damals ein Telefon, ein Auto oder einen Fernseher.

In unserm Dorf lebten etwa sechshundert Bauern mit ihren Familien. Die Häuser eng aneinandergedrängt, dazwischen schmale Wege, die sich bei Regen in schlammige Pfade verwandelten. Die Felder lagen um das Dorf herum, ungeordnet und willkürlich. Wer zuerst im Dorf wohnte, hatte die nahe liegenden Flächen zur Bewirtschaftung, wer spät ins Dorf gezogen war, der musste zum Teil weit hinaus zu seinen Feldern gehen.

Vor etlichen Hundert Jahren waren die meisten unserer Bewohner aus der nördlichen Provinz Shanxi eingewandert. Dort hatte es damals nicht genügend Ackerfläche gegeben, und die Gegend um unser Dorf war noch ganz schwach besiedelt gewesen. Seitdem ist kaum jemand neu zugezogen. Die Menschen heirateten untereinander oder suchten zumindest aus den umliegenden Dörfern ihren Ehepartner. Daher kommt es auch, dass die meisten den Namen *Liu* trugen. Meine Großeltern lebten schon lange in dem Dorf. Viele der Verwandten meines Großvaters waren dort zu Hause und hießen natürlich auch Liu.

Als ich am 19. April 1984 geboren wurde, war alles noch sehr ärmlich. Frisches Wasser hatten wir nur in der Dorfmitte. Dort gab es einen Ziehbrunnen, mit dem wir das Wasser aus sieben Meter Tiefe holen mussten. Oft liefen wir

Kinder mit einem Topf zum Brunnen und mussten warten, bis ein Erwachsener oder ein größeres Kind kam, um für uns Wasser von unten heraufzuziehen. Die meisten der Bewohner konnten nicht lesen und schreiben, auch meine Großmutter nicht.

Die Hauptstraße zwischen den größeren Städten verlief ungefähr zehn Kilometer von unserem Dorf entfernt. Auf einer schlechten und holprigen Straße konnten wir die Bushaltestelle dort erreichen. Das war bei Regen oder in der unerträglichen Sommerhitze eine mühsame Sache.

Unser Haus befand sich ganz in der Nähe des Dorfplatzes, etwas erhöht, aber gut erreichbar – bei jedem Wetter. Es bestand aus einigen Balken und gestampftem Lehm. Im Inneren gab es keine Wände, sondern meine Eltern hatten mit hängenden Matten einige Räume angedeutet. Bei Regen waren wir ständig mit Reparaturen beschäftigt. Denn das Dach des Hauses und den halben Hof hatten meine Eltern mit mehr oder weniger dichten Schilfmatten abgedeckt, die ständig ausgebessert werden mussten.

Überhaupt spielte der Hof eine wichtige Rolle in unserem Leben. Dort kochte meine Mutter, ich spielte unter dem Dach, viele Arbeiten wurden dort verrichtet, und in den drückend heißen Sommernächten schliefen wir auch draußen. Ein Bett hatte ich nicht, auch meine Eltern nicht. Ich schlief mit meiner Schwester Yiling, die fünf Jahre nach mir geboren wurde, auf Matten direkt auf dem Boden. Nur für meine Großmutter war der Platz auf dem *Kiang* reserviert. Der *Kiang* ist ein Überbau über der Feuerstelle, die von außen geheizt wird und als Feuerstelle für die Küche dient. Die Abwärme heizt den *Kiang*. Im Winter durfte ich manchmal zu Nai nai auf dieses warme Plätzchen klettern.

Wir hatten auch kein elektrisches Licht. Als Beleuchtung diente uns eine Petroleumlampe, die mein Großvater einmal von einem Missionar geschenkt bekommen hatte. Aber es war nicht einfach, dafür das Petroleum zu besorgen. Wenn wir sie mit anderen Flüssigkeiten brennen ließen, rußte es grässlich und überall ließen sich kleine schwarze Flöckchen nieder. Oft saßen wir abends im Dunkeln, oder eine einzige Kerze musste für das ganze Haus reichen.

Zum Essen gingen wir manchmal mit auf den Dorfplatz. Dort trafen sich damals noch die Leute zum Mittagessen. Jeder brachte seine bescheidene Mahlzeit mit. Die alten Frauen und Männer erzählten dann Geschichten von früher und chinesische Sagen.

Nicht selten forderten sie Nai nai auf, Geschichten aus der Bibel zu erzählen. Die hörten unsere Dorfbewohner gern, und auch die politische Führung hatte nichts dagegen.

Religion war nicht verpönt. Viele hatten in ihren Häusern einen kleinen buddhistischen Altar stehen. Oft war der unbeachtet und verstaubt, aber wenn ein Familienmitglied krank wurde oder starb, zündeten die Angehörigen davor Kerzen an. Im praktischen Leben spielte der Glaube an die Götter und Geister keine positive Rolle. Nur die Angst vor der Strafe der Götter und der Macht der bösen Geister, die war immer zu spüren.

Einen buddhistischen oder daoistischen Tempel hatten wir nicht im Dorf. Wer es mit seinem Glauben ernster nahm, der fuhr hin und wieder in die Stadt und opferte in den Tempeln für die Ahnen oder für bestimmte Lebenssituationen Geld und Räucherstäbchen. In den Tempeln gab es ganz verschiedene Buddhas. Für Liebe, Leid, Krankheit,

Glück, Erfolg im Beruf und gute Ernte gab es unterschiedliche Altäre. Wer sein ganzes Leben mit allen Bereichen absichern wollte, der musste viel Geld dalassen. Einmal im Jahr gab es ein großes Tempelfest mit vielen Opfern, Unmengen von Qualm und Räucherstäbchen, aber auch Geschichtenerzählern und Gauklern; es gab Süßigkeiten und Musik. Ich wollte auch einmal mit zu so einem Tempelfest gehen, aber da war meine Ma strikt dagegen, und Nai nai betete gleich für mich, dass ich nicht von solchen Gelüsten verführt würde.

4 Die Gleichung meiner Großmutter

An die Abende in unserem Haus kann ich mich nur noch wenig erinnern. Meistens war ich mit Nai nai unterwegs in den Dörfern. Sie war eine sehr fleißige Evangelistin und Beterin. Unermüdlich zog sie in die umliegenden Dörfer und leitete mehr oder weniger geheime Gebetsversammlungen. Meine Mutter musste oft bis abends aufs Feld, und da ich nicht allein im Haus bleiben konnte, nahm mich meine Großmutter halt zu ihren Gemeindebesuchen mit. Am Anfang trug sie mich oft die weiten Wege. Sie legte ihren Arm auf den Rücken und ich setzte mich darauf. Mir ist heute unklar, wie sie das mit ihrem krummen Rücken oft kilometerlang durchhielt.

Viele Menschen der Umgebung lernten mich dadurch kennen, und ich habe manche Geschichten der Bibel hundert Mal gehört. Einige Lieder konnte ich bald auswendig mitsingen. Für die Frauen war es eine Freude, wenn ich als Fünfjähriger die Lieder auswendig aufsagen konnte. Später, mit acht oder neun Jahren, habe ich auch schon kleine „Predigten" gehalten, Gedanken, die ich mir selbst ausgedacht hatte. Diese Treffen gehörten zur Bewegung der „Hauskirchen". So werden bis heute die Kirchen im Untergrund genannt, im Gegensatz zur „Patriotischen Drei-Selbst-Kirche", von der ich noch berichten werde.

Durch die Gebete erfuhr ich auch etwas von den Ängsten der einfachen Leute, von ihren Hoffnungen und ihrem Vertrauen zu Gott. Manchmal schlief ich aber bei den Versammlungen und den langen Gebeten ein. Einmal dachten die Besucher, dass ich inbrünstig betete, als ich vor meinem Stuhl auf den Knien in Gebetshaltung eingeschlafen war. Wir beteten immer auf den Knien – da schob auch manches Mütterchen und mancher müde Bauer ein Nickerchen ein. So ließen sie mich beten (schlafen). Schließlich wussten sie ja, dass ich eine fleißige Beterin als Großmutter und einen Evangelisten als Vater hatte. Sie dachten, dass da etwas auf mich abgefärbt hätte. Irgendwie vergaßen sie mich dann. Der dunkle Abend kam schnell über das Dorf und der Raum wurde abgeschlossen. Als ich aufwachte, war es stockdunkel, und ich musste lange mit Fäusten an die Tür trommeln, bis mich jemand aus meinem Gefängnis befreite.

Es kam auch vor, dass wir nach langem Anmarsch erst in ein Dorf kamen, wenn die Gebetsversammlung schon fast zu Ende war. Der Beginn solcher Gottesdienste wurde ja nicht von der Uhr bestimmt, sondern davon, wie die Christen nach getaner Arbeit Zeit fanden. Es war auch üblich, dass man nur eine Zeit lang zur Versammlung kam und schon wieder ging, wenn andere erst den Weg zum Gottesdienst fanden. Wenn wir dann nach langem Marsch nur noch wenige antrafen, gingen wir halt den beschwerlichen Weg wieder zurück. Aber wir waren froh, wenigstens einigen Christen begegnet zu sein. Manchmal besuchten wir auch nur eine Familie. Für meine Großmutter war jeder Christ so wichtig wie eine große Versammlung.

Auch unter den Christen machten sich einige über meine Großmutter lustig, die „Frau mit der Hornhaut auf den Knien". Beten war ihre große Leidenschaft. Sie wusste nicht, was eine mathematische Gleichung ist, aber in Sachen Gebet schärfte sie mir immer wieder die Gleichung ein: „Viel Gebet, viel Kraft – wenig Gebet, wenig Kraft. Gebet ist gleich Kraft."

5 Eine Glaubensheldin

Zum Glauben gekommen war sie durch die norwegische Missionarin Marie Monsen. Diese hatte, als meine Großmutter eine junge Frau war, mit viel Liebe und Ausdauer in ihrem Dorf evangelisiert. Immer wieder hatte Marie Monsen die Frauen angesprochen und ihnen gesagt, dass es einen Retter von allen Sünden gab. Was Sünde war, das wussten wir Chinesen durch die vielen Glaubensrichtungen bei uns sehr genau. Im Daoismus und Buddhismus müssen wir viele Opfer bringen, damit wir unsere Sünden wieder loswerden. Jesus nimmt uns unsere Sünden weg und verlangt als Gegenleistung kein Opfer, nur dass wir unser Leben in seine Hand geben. Irgendwann nahm Nai nai dann Jesus in ihr Leben auf. Als alle ausländischen Missionare 1950 das Land verlassen mussten, war sie bereits Christin geworden.

Ihr Glaube war unter vielen Schwierigkeiten gewachsen. In den Fünfzigerjahren wurde die gemeinschaftliche Bauernarbeit von den Kommunisten eingeführt. Alle Männer und Frauen des Dorfes arbeiteten gemeinsam auf den Feldern, die jetzt dem Staat gehörten. Privateigentum war bereits abgeschafft.

Natürlich wurde unterschiedlich gearbeitet. Manche waren fleißig, aber es gab auch viele, die nur redeten und die anderen zur Arbeit antrieben. Am schlimmsten waren die Agitatoren. Sie redeten auf die Bauern ein, drängten sie zu höheren Leistungen und rührten selbst keinen Finger. In den Versammlungen führten sie aber das Wort. Wer Widerspruch anmeldete, wurde als Konterrevolutionär abgestempelt. Für ihn begann ein Weg der Demütigung und der Benachteiligung.

Die Ernte wurde im Dorfgemeinschaftshaus eingelagert. Jeden Tag ging man dann dahin, um für die Familie den Reis, das Mehl, den Mais und das Gemüse zu holen. Wenn die Familie aus zehn Personen bestand, dann bekam man zehn Teile. Die Familie meiner Großmutter bestand damals aus sechs Personen, also standen ihr sechs Teile zu. Aber weil die Verteilung in den Händen der kommunistischen Leiter lag, hatte es meine Großmutter oft schwer, besonders wenn es nicht mehr genügend Lebensmittel zu verteilen gab.

„Wir haben gehört, dass du Christin bist. An wen glaubst

du da eigentlich?", wurde sie von einem Verantwortlichen gefragt.

„Ich glaube an den Gott des Himmels und der Erde, der uns geschaffen und durch Jesus erlöst hat", antwortete meine Großmutter, ohne Verdacht zu schöpfen.

„Also, dann soll euch doch dieser Gott ernähren. Stell eine Schüssel in euern Hof, und morgen wird sie voll Reis sein, wenn es euern Gott gibt."

Mehrere Tage bekam sie für alle sechs Personen nicht ein Reiskorn. Immer wieder demütigte man sie und jagte sie sogar mit Schlägen aus dem Depot. Schließlich musste sie einen Ketzerhut tragen – das war eine rote spitze Mütze aus Pappe, auf der mit dicken Zeichen geschrieben stand, dass sie eine Antikommunistin und eine Feindin des Volkes sei. Die Leute im Dorf bewarfen sie mit faulem Obst und mit Dreck. Das mussten sie so machen, denn wer sich nicht beteiligte, konnte schnell selbst zum Konterrevolutionär gestempelt werden.

Diese Demütigung konnte meine Großmutter nicht ertragen. Schließlich hat sie ihren Glauben verleugnet und gesagt, dass sie jetzt nicht mehr an Jesus, sondern an den Sieg der großen proletarischen Revolution glaube. Sie sagte sich öffentlich von Jesus los und bekam endlich die dringend benötigten Lebensmittel.

Die folgenden Tage waren für sie furchtbar. Plötzlich fielen ihr die Worte Jesu ein: „Wer mich verleugnet vor den Menschen, den werde ich auch verleugnen vor meinem himmlischen Vater." Sie war zur Verräterin, zum Judas geworden.

Nai nai lief nachts in den Wald und wollte sich erhängen. Als sie mit tränenverschleierten Augen einen Baum suchte, an dem sie den Strick befestigen konnte, hörte sie in ihr Seufzen hinein eine ganz warme und wohlklingende Stimme: „Jesus liebt dich. Nichts kann dich von seiner Liebe trennen. Er hält zu dir, vertraue ihm."

Da weinte sie stundenlang vor Scham und vor Glück. Den Strick knüpfte sie um einen Baumstamm. Sie ging später oft in den Wald, betete an diesem Baum und dankte Gott für die Gnade seiner Vergebung.

Der Druck der Kommunisten aber wurde immer stärker, sodass sie sich nicht mehr öffentlich zu Jesus bekannte. Sie ging jeder Gelegenheit aus dem Weg, wo sie hätte Stellung beziehen müssen. Aber sie lobte auch nie wieder den Kommunismus. Über viele Jahre lebte sie ihren Glauben im Geheimen. Sie schwieg. Denn sie hatte zu viel Angst, ihren Herrn noch einmal zu verleugnen. Die Kommunisten hatten bei ihr das Ziel erreicht.

Erst nach der Kulturrevolution wurde sie wieder mutiger, weil die Kommunisten nichts gegen die vielen Gebetstreffen in den Häusern ausrichten konnten. Meine Großmutter wurde bald die Verbindungsfrau zwischen den rasch entstehenden Gruppen und besuchte fleißig die Gebetstreffen. Eine Bibel hatte sie nicht, denn sie konnte nicht lesen. Aber Gott hatte sie mit einem erstaunlichen Gedächtnis ausgestattet. Sie kannte viele Geschichten der Bibel wortwörtlich, auch Psalmen konnte sie ohne Fehler aufsagen. Ich glaube sogar, dass sie alle Psalmen auswendig wusste – und sie hat sie auch oft gebetet.

Nur wenige Christen hatten damals eine Bibel. Sehr verbreitet waren Zettel mit abgeschriebenen Bibeltexten. Das war auch praktischer, wenn doch einmal die Polizei eine Gebetsversammlung stürmte und nach Bibeln und Literatur suchte. Einen Zettel konnte man schnell verschwinden lassen, notfalls auch essen.

Das Vertrauen meiner Großmutter zu Gott war mir für mein Leben eine ganz starke Ermutigung. Eines Tages kamen wir von einer Abendversammlung spät nach Hause. Ich ging mit ihr noch einmal in den Garten. Sie wollte dort nach dem Rechten sehen, vielleicht ahnte sie auch etwas. Wir blickten in den Kakibaum, in den sich unsere vierzig Hühner immer zum Schlafen hockten. Aber alle Hühner waren weg. Keine Kampfspuren vom Fuchs oder einem anderen Tier – sie waren gestohlen worden!

Für uns war das ein großer Verlust. Keine Eier zum Essen und zum Tauschen, kein Fleisch an Festtagen, keine Brühe mit Eingeweiden, keine gesalzenen Hühnerkrallen, die für uns eine besondere Delikatesse darstellten.

Ich begann zu weinen, aber meine Großmutter tröstete mich, dass Gott selbst für uns sorgen werde. Ich wusste zwar nicht wie, aber wenn Nai nai das sagte, dann stimmte es.

Und so war es dann auch. Die anderen Christen aus der Gemeinde trauerten mit uns um den Verlust, aber sie brachten auch Eier mit, und manche gaben uns von ihrem Hühnerbestand ein Huhn ab, sodass sich unser Hof langsam wieder füllte.

Ich muss sagen, dass dies für Chinesen sehr ungewöhnlich war. Die anderen Familien in unserer Gemeinde waren auch arm, und keiner hatte ein Huhn oder ein Ei zu viel. Normalerweise denken Chinesen nur familiär, und man hilft ausschließlich innerhalb der Familie. Wenn jemand bestohlen wurde, so wie wir, dann war das eben Pech oder schlechtes Schicksal. Jeder war nur froh, dass ihn so ein Unglück nicht getroffen hatte. Dem anderen helfen? Nein, dafür war ja seine Familie zuständig. Aber hier zeigte sich, dass die Gemeinde die neue Familie der Christen war. Ohne ihre Hilfe hätten wir oft nicht überlebt.

6 Meinen Vater kannte ich nur vom Fahndungsfoto

In unserem Dorf Liu Lao Zhuang gab es natürlich auch eine Gemeinde, die von meinem Vater gegründet worden war. Durch ein Heilungswunder an meinem Großvater war mein Vater Christ geworden und hatte mit siebzehn Jahren angefangen zu evangelisieren. Er redete von Gottes Größe und berichtete, was Gott an meinem Großvater getan hatte. Predigen konnte man das nicht nennen, denn mein Vater war damals noch ein sehr schlechter Redner. Er hatte eine „zu kurze Zunge“, wie die Chinesen sagen, und seine Aussprache war undeutlich. Trotzdem bekehrten sich in der Umgebung viele Menschen, und es entstanden Gemeinden ringsum in den Dörfern.

In unserem Dorf trafen sie sich in unserem Haus. Bald war unsere Wohnung zu klein, und die Menschen standen im Hof und vor der offenen Tür zur Straße. Den kommunistischen Leitern gefiel das natürlich nicht, und so kam mein Vater das erste Mal mit einundzwanzig Jahren ins Gefängnis.

Meine Großmutter führte die Gebetsversammlungen weiter, doch sie ließ man in Ruhe. Die Bauern wurden aufgefordert, nicht an diesen ausländischen „imperialistischen Kult" zu glauben, aber viele ließen sich nicht abhalten, zur Gebetsstunde zu kommen. Sie waren in ihrem Herzen wirklich neue Menschen geworden und bekannten sich zu Jesus.

In den Dörfern konnten wir uns eigentlich ziemlich frei versammeln. Die Parteileitung wollte da nicht hart durchgreifen. Es gehörten ja auch mehr und mehr staatliche Angestellte zur Gemeinde. Polizeiaktionen wurden immer nur von der Kreisstadt aus durchgeführt. Sie kamen meistens, um zu kontrollieren, dass wir keine Ausländer in unseren Gemeinden zu Besuch hatten – oder sie suchten wieder einmal meinen Vater, der für sie ein Staatsfeind war. Wenn er nur in unserer Gemeinde aktiv gewesen wäre, hätten sie ihn in Ruhe gelassen. Aber seine Reisetätigkeit und die vielen Gemeindegründungen waren in den Augen der Behörden ein Verbrechen.

Wie ich schon erzählte, habe ich meinen Vater erst mit vier Jahren kennengelernt. Ich wusste zwar, dass er der berühmte *Bruder Yun* war, für den viele beteten. Ich wusste, dass er im Gefängnis saß und zu einer Strafe von vielen Jahren verurteilt war, weil er erfolgreich evangelisiert und unzählige Gemeinden gegründet hatte. Was aber ein Vater ist, davon hatte ich keine Ahnung. Von einigen Kindern wusste ich, dass sie von ihrem Vater geschlagen wurden. Andere erzählten stolz, was ihre Väter so alles konnten.

Eine Zeit lang wurde mein Vater mit Steckbrief gesucht. So wusste ich zwar, wie er aussah, konnte mir aber sonst kein Bild von ihm machen. Ich kannte nur meine Ma, Nai nai und einige Nachbarinnen. Die Männer in unserem Dorf beachteten mich kaum, es kamen auch wenige zu den

Gebetsversammlungen. Keiner gab sich mit mir ab. Nur der zahnlose alte Shei winkte mich hin und wieder zu sich herüber und steckte mir einen Maiskolben oder ein paar Kirschen zu. Er brachte mir auch bei, wie man mit einem Messer ein Loch in ein Brett oder in einen Stock bohrte. Darauf war ich echt stolz und bohrte – zum Leidwesen meiner Mutter – mehrere Löcher in unsere Möbel.

7 Meine Mutter war eine sehr mutige Frau

Meine Ma hatte wenig Zeit für mich, denn sie war die Einzige, die das Feld bestellen konnte. Wir hatten von der Partei fünf Feldanteile zugeteilt bekommen, für jedes Familienmitglied einen Teil. Mein Großvater war gestorben, meine Großmutter war für die Feldarbeit schon zu alt. Mein Vater saß im Gefängnis und ich war noch ein kleines Kind. So musste meine Mutter das ziemlich große Stück Land allein bewirtschaften, um das Erntesoll einzubringen. Das musste sie dann bei der Dorfleitung abliefern. Hilfe kam nur selten von Männern und Frauen aus den Gemeinden, denn sie hatten ja alle selbst ihr Soll zu bringen.

Manchmal kamen die Brüder Hoa, um uns zu helfen. Der Ältere war sehr stark und packte kräftig mit zu. An manchen Tagen schafften sie so viel wie meine Mutter in einer Woche.

Der Jüngere, Hoa Qin, spielte dann oft mit mir. Das waren fröhliche Zeiten für mich, weil er so lustig war. Ich durfte auf ihm reiten wie auf einem Pferd. Er trug mich auf den

Schultern nach Hause ins Dorf und wir kämpften *Tai-Chi* wie die großen Meister, auch wenn das mit dieser traditionellen Kampfkunst wenig zu tun hatte. Noch heute erzählt er zur Gaudi aller, wie ich Pipi auf seinen Kopf gemacht habe, weil ich vor Lachen nicht an mich halten konnte.

Aber das waren wenige unbeschwerte Stunden. Meine Mutter weinte oft in diesen Jahren. Viele Menschen im Dorf konnten nicht verstehen, dass ihr Mann im Gefängnis saß. Wenn er ein rechtschaffener Bauer wäre, dann säße er nicht hinter Gittern, dachten sie. Andere Christen seien doch auch nicht inhaftiert. Irgendetwas Böses hatte er sicher getan.

Dazu kam noch, dass meine Ma eigentlich keine Ahnung von Landwirtschaft hatte. In ihrem Elternhaus war Kochen und Hauswirtschaft ihre Aufgabe gewesen. Auf die Felder waren damals ihre fünf Geschwister gegangen. Nun musste ausgerechnet sie so viel Ackerfläche bearbeiten.

Aber Gott stand ihr auch hier zur Seite. Für uns war es wichtig, dass wir gute Ernteerträge einbrachten und an die Dorfleitung abliefern konnten. So war uns auch die Zuteilung aus dem zentralen Lebensmittellager das Jahr über sicher. Andere Einkünfte aus Tierhaltung oder Fabrikarbeit hatten wir nicht.

Meine Ma pflanzte zum Beispiel Süßkartoffeln. Aber sie steckte diese in so großen Abständen, dass die anderen Bauern sie auslachten. Sogar die Kinder machten sich über meine Mutter lustig. Das war für sie schwer zu ertragen. Aber am Ende des Sommers kam die Ernte, und meine Mutter holte so große Süßkartoffeln aus der Erde, wie sie im Dorf noch niemand gesehen hatte!

Sie wusste auch nicht, wie man Weizen aussäte. Viel zu

dicht verstreute sie ihn aufs Feld. Wieder wurde sie zum Gespött der Leute. Als aber ein Hagelsturm das Getreide der ganzen Gegend vernichtete, richtete er auf unserm Feld nicht viel Schaden an, weil der Weizen dort so dicht stand. Für uns waren das Fingerzeige der Liebe Gottes zu uns – und dass er uns durch diese Zeit trug, auch wenn wir auf meinen Vater verzichten mussten.

Damals schenkte uns Gott auch eine Brücke zu den Menschen. Es war ein sehr trockener Sommer, und die Brunnen in den Höfen und auf dem Dorfplatz gaben kein Wasser mehr. Da entdeckten wir einen Brunnen in unserem Hof, den mein Großvater einst gegraben hatte. Der führte jetzt noch Wasser. Nun kamen die Leute zu uns und baten um Wasser. Meine Mutter war sehr zuversichtlich und ließ die Leute bei uns aus dem Brunnen schöpfen. Natürlich hatte sie Angst, dass auch unser Brunnen versiegen könnte, aber sie vertraute Gott, dass er ihn nachfüllte, so wie den Ölkrug der Witwe von Zarpat in der Bibel.

Manchmal standen die Menschen mit ihren Töpfen und Eimern schon früh um fünf Uhr an, und es gab viel Gelegenheit, miteinander zu sprechen. Viele wunderten sich über meine Ma und die Großmutter, dass sie so freizügig gaben. In China ist das nämlich sehr ungewöhnlich, wie ich schon erzählt habe. Auch die materielle Hilfe gilt dort nur den Mitgliedern der Familie und der Verwandtschaft, doch nicht fremden Menschen, dazu noch solchen, die sonst schlecht über einen redeten. So besserte sich das Ansehen unserer Familie im Dorf wieder. Mancher neue Besucher kam dadurch auch zur Gebetsversammlung und wurde Christ. Die Freigebigkeit im Vertrauen auf Gott war die beste Predigt, die von allen verstanden wurde.

8 Verfolgt, aber lebendig und aktiv

Die politische Lage hatte sich 1988 geändert. Per Gesetz wurde jetzt die allgemeine Religionsfreiheit in China eingeführt. Die offizielle Kirche, die Patriotische Drei-Selbst-Kirche („Selbstbestimmung“, „Selbstfinanzierung“, „Selbstausbreitung“), wurde vom Staat gefördert. Nicht mit Geld, aber die Behörden forderten die Christen auf, sich dort anzumelden. Damit konnten sie ihren Glauben in China ungehindert leben.

Diese offiziellen Kirchen mit ihren frei zugänglichen Gottesdiensten waren von den Behörden leichter zu kontrollieren. Wer sich aber nicht dem Diktat des Staates unterordnete, stellte sich damit gegen die Gesetze. Viele der Hauskirchen trauten dem Staat nicht und schlossen sich nicht der Drei-Selbst-Kirche an. Auch meinem Vater wurde von der Drei-Selbst-Kirche angeboten, mit ihren Vertretern zusammenzuarbeiten, aber er wollte das nicht. Die staatliche Nähe war ihm so zuwider, dass er diesen Schritt nicht tun konnte.

Nach dem Massaker auf dem „Platz des Himmlischen Friedens“ in Beijing am 4. Juni 1989 beschloss die Regierung im Mai 1991 einen härteren Kurs gegen die sprunghaft angewachsenen Hauskirchen. Denn obwohl es eine Verordnung gab, die Hauskirchen aufzulösen, wuchsen sie weiter durch Wanderprediger, durch Wunder Gottes und sein Eingreifen. Die Hauskirchenleiter suchten auch den Kontakt zu ausländischen Christen, was von der kommunistischen Regierung als Konterrevolution bestraft wurde. Doch die Bewegung war vom Staat nicht mehr einzudämmen, auch nicht durch harte Verfolgung und Verhaftungen.

So versammelten wir uns auch in unserem Dorf weiter zu Gebetstreffen und Gottesdiensten. Je größer der Druck wurde, umso mehr Menschen schlossen sich dem Evangelium an. Auch kommunistische Leiter fanden zur Gemeinde und machten keinen Hehl daraus, dass ihr Leben neu und glücklich geworden war.

In unserem Dorf hatten wir auch ein gutes Verhältnis zu den politischen Leitern. Sie wussten, dass wir Christen den Staat nicht umstürzen würden. Inzwischen merkten sie, dass wir gründlich arbeiteten, uns um Benachteiligte kümmerten und auch ein Bewusstsein für den Schutz der Umwelt entwickelten. In Parteikreisen hieß es, dass dem chinesischen Staat gar nichts Besseres passieren könne, als dass viele Christen würden und ein verantwortungsvolles Leben führten. Aber das durfte natürlich keiner laut sagen, denn es hätte die kommunistische Grundlinie infrage gestellt.

Mein Vater war mit Auflagen aus dem Gefängnis freigekommen. So musste er sich immer bei der Polizei des Ortes abmelden, wenn er das Dorf verlassen wollte. Am Anfang beachtete er das auch, aber schließlich war er wieder tagelang unterwegs, ohne sich abzumelden und um Erlaubnis zu fragen. Bis sie ihn wieder verhafteten.

Auch eine regelrechte Schulung für Leiter von örtlichen Hauskirchen baute er heimlich mit Freunden auf. Unermüdlich war er unterwegs. Er schonte weder sich selbst noch seine Familie und gönnte sich keine Ruhe. So hat ihn Gott schließlich selbst gebremst, wie er mir sagte, und er kam ins berüchtigte Arbeitslager Da'an.

Mir war damals völlig unklar, wie mein Vater diese Verhaftung mit Gottes Willen in Einklang brachte. Warum ließ Gott so etwas zu, fragte ich mich immer wieder. Mein

Vater wurde wegen „unerlaubter Zusammenrottungen“ angeklagt, wegen „Aufruhrs“ und weil er sich mit Ausländern getroffen hatte.

9 Gut, dass man nur einmal getauft wird!

Bei unseren Gebetsgottesdiensten gab es oft das Abendmahl – viel öfter als in evangelischen Kirchen und Freikirchen in Europa. Bei uns war das ein richtiger Höhepunkt des Gemeindelebens. Es wurde viel gesungen. Die Beichte spielte eine große Rolle. Jeder bekannte seine Sünden vor Gott und auch vor den Menschen. Männer und Frauen gingen aufeinander zu und baten um Vergebung für unchristlichen Umgang und für böse Gedanken. Wenn zwei Menschen ihre Schuld voreinander bekannten, dann weinten sie oft dabei, erst vor Reue und dann vor Freude. Menschen lagen sich in den Armen, die vorher schlecht übereinander gesprochen hatten. Echte Reue und große Freude über Vergebung waren zu spüren. Es waren so ehrliche und herzliche Beziehungen, dass ich unbedingt dazugehören wollte.

Der Lobpreis Gottes des Vaters, der Dank für das Sterben seines Sohnes und für seinen Sieg über die Sünde nahm dann einen großen Raum ein. Beim Abendmahl bekam jeder Brot und Wein, wobei wir oft nur Wasser hatten, über dem der Leiter ein intensives Gebet sprach.

Nur ich durfte nicht teilnehmen, denn ich war noch nicht getauft. Als achtjähriger Junge hatte ich eine große

Sehnsucht danach, dazuzugehören und auch das Abendmahl zu empfangen. So war es mein ganz ehrlicher Wunsch, endlich getauft zu werden.

Eines Nachts machte sich die ganze Gemeinde in der Dunkelheit auf den Weg, fünf Kilometer am Nachbardorf vorbei zum Fluss. Natürlich mussten wir vorsichtig sein, deshalb gingen wir in kleinen Gruppen. Während wir an einem Dorf vorbeikamen, war Schweigen angesagt. Wenn wir nur zu einer Gebetsversammlung in einen anderen Ort gingen, dann forderten wir in den Dörfern, durch die wir kamen, auch schon mal die Bewohner auf, mit uns zu kommen. Auch sangen wir auf dem Weg gern laut, weil unsere Evangeliumslieder viel biblische Botschaft vermitteln.

Aber bei einem Taufgottesdienst wollten wir unter uns sein. Die Sicherheitsbehörden sollten nicht auf uns aufmerksam werden. Vielleicht wären wir nicht alle verhaftet worden, aber wir wollten auch nicht gestört werden.

Es muss im November oder Dezember gewesen sein, denn ich erinnere mich noch genau, dass es grässlich kalt war. Meine Mutter und meine Großmutter waren dabei, meine Großmutter mit einer dicken Schlafdecke. Mit mir wurden etwa dreißig weitere Gemeindemitglieder getauft, darunter der Leiter der Finanzabteilung der Kreisregierung. Für ihn stand viel auf dem Spiel, aber auch er wollte ganz zur Gemeinde gehören.

Wir sangen zwei Lieder. Natürlich auswendig, aber nicht so laut, wie wir Chinesen sonst gern singen. Dann wurde das Taufevangelium gelesen, und es folgte eine kurze Predigt von nur dreißig Minuten. Danach viel Gebet und Lobpreis dafür, dass Gott so stark war und der Himmel für die Sünder offen stand, die heute gerettet wurden.

Ein Laienpastor stieg ins Wasser und forderte uns einzeln auf, zu ihm zu kommen. Ich war als Erster an der Reihe und ging mit zaghaften Schritten in das klirrend kalte Wasser. Da ich nicht so groß war wie die anderen Täuflinge, stand ich fast bis zum Hals im Fluss. Obwohl mir fast der Geist einfror, sollte ich nun drei Fragen beantworten:

1. Warum willst du getauft werden? „Weil ich ganz zu Jesus gehören will."

2. Wer ist Jesus für dich? „Er ist mein Herr, der mich von meiner Sünde frei macht und der mir ein gutes Leben schenkt."

3. Was steht in diesen Bibelstellen: Johannes 3,16; Matthäus 28,18-20; Psalm 23?

Mit klappernden Zähnen, aber ohne Stocken konnte ich antworten: „Also hat Gott die Welt geliebt, dass er seinen eingeborenen Sohn gab, damit alle, die an ihn glauben, nicht verloren werden, sondern das ewige Leben haben." Und: „Jesus sagt: ‚Mir ist gegeben alle Gewalt im Himmel und auf Erden. Darum gehet hin und machet zu Jüngern alle Völker: Taufet sie auf den Namen des Vaters, des Sohnes und des Heiligen Geistes und lehret sie halten alles, was ich euch befohlen habe. Und siehe, ich bin bei euch alle Tage bis an der Welt Ende.'"

Beim Psalm 23 fiel die Gemeinde mit in das Aufsagen ein, weil sie über meine fließenden Antworten so erstaunt war. Sollte der Prediger nicht mit meinen Antworten zufrieden sein, müsste ich ein weiteres Jahr mit meiner Taufe warten. Schon der Gedanke, dass ich noch einmal in den eiskalten Fluss müsste, beflügelte meinen Geist, sodass ich die Fragen zur vollen Zufriedenheit beantwortete.

Anschließend wurde ich drei Mal untergetaucht und gesegnet. Ich dachte dabei: Wenn ich jetzt vor Kälte sterbe, dann komme ich direkt in den Himmel, also – alles nicht so schlimm. Mir zitterten die Knie so sehr, dass ich es kaum zurück zum Ufer schaffte, aber im Herzen war ich glücklich: Ich bin jetzt ein richtiger Christ. Mein Herr ist Jesus Christus und meine Heimat ist im Himmel.

Vorerst aber war ich sehr dankbar, dass meine Großmutter mit der Schlafdecke am Ufer stand und mich in Empfang nahm. An diesem Fluss fasste ich den Entschluss, dass ich später gern einmal Evangelist werden wollte, aber kein Taufprediger, denn der hatte ja noch weitere 29 Täuflinge in den Himmel zu bringen.

10 Kein kleiner Heiliger

In der Schule in unserem Dorf hatte ich Freunde, die mit mir auch manchen Unsinn verzapften. Aber als mein Vater wieder einmal verhaftet war, unterließ es die Lehrerin keinen Tag, mich vor der Klasse zu demütigen. „Isaac und seine Familie sind sehr dumm, sie glauben an den Gott der Christen. Sein Vater ist ein Verbrecher, der seine gerechte Strafe im Gefängnis verbüßt. Er ist ein Staatsfeind und hat unchinesische Lehren verkündet, die unserem Volk schon viel Schaden zugefügt haben."

Erst später habe ich die Hintergründe für den Christenhass verstanden. Natürlich war man einmal deswegen gegen Christen, weil der Kommunismus allen Glauben an einen

Gott ablehnt. Aber auch deshalb, weil das Christentum gleichzeitig mit den brutalen Opiumhändlern und europäischen Eroberern nach China gekommen war. Die Missionare waren mit ehrlicher Absicht und Liebe zu den Menschen gekommen, aber sie hatten die Wege benutzt, die die militärischen und wirtschaftlichen Mächte Europas in China getrampelt hatten. So hieß es damals schon, dass das Christentum die Chinesen ihrer Geschichte und Kultur beraube. „Jeder Christ ist ein Chinese weniger." Dieser Hass hatte es den ersten Missionaren sehr schwer gemacht und er hielt sich bis in die kommunistische Zeit; er ist sogar heute noch zu spüren.

Auch die Kinder übernahmen bald die Parolen der Lehrerin. Sie schlugen mich sogar und beschimpften mich als Staatsfeind. Meiner Ma sagte ich nichts davon, weil sie ja bereits so viele Ängste hatte und sich Sorgen um meinen Vater machte, von dem wir schon lange nichts mehr gehört hatten.

Aber als ich eines Tages erklärte, dass ich nicht mehr in die Schule gehen wolle, ließ sie nicht locker, bis ich ihr den wahren Grund nannte. Sie weinte sehr und drückte mich lange an sich. Dabei bedrückte sie auch der Gedanke, dass meiner Schwester Yiling dieses Martyrium in der Schule noch bevorstand. Ich hatte den Eindruck, dass sie mehr litt als ich. Deshalb wurde ich wieder mutiger und ging trotzig weiter in die Schule.

Bibel pauken

Als ich etwa neun Jahre alt war, begann ich selbst in der Bibel zu lesen. Mein Vater hatte die Bibel von einem alten Prediger bekommen, der sie während der Kulturrevolution in Ölpapier gepackt und vergraben hatte. Für meinen Vater und unsere Familie war sie ein großer Schatz, aber es fiel mir sehr schwer, sie zu lesen. In der Schule lernten wir das neue Chinesisch mit den vereinfachten Kurzzeichen, die Bibel war aber noch in der alten Langschrift geschrieben. Zum Glück hatte ich fast alle Geschichten schon einmal gehört, manche kannte ich auswendig.

Wir Chinesen legen viel Wert darauf, die Bibel auswendig zu lernen. In Verfolgungszeiten kann einem niemand dieses Wissen nehmen. Mein Vater bemühte sich sehr darum, dass ich viel auswendig lernte. Wenn er von seinen Evangelisationsreisen zurückkam oder wenn er tagsüber auf dem Feld arbeitete, dann musste ich immer ein Kapitel der Bibel aufsagen. Die bekannten Geschichten waren bald abgearbeitet, und nun bekam ich richtige Hausaufgaben. Wenn ich dann die aufgegebenen Kapitel nicht aufsagen konnte, musste ich fasten – so nannte mein Vater das, wenn ich zur Strafe kein Abendessen bekam.

Für mich als heranwachsenden Jungen war das eine harte Strafe. Wir hatten ja sowieso nicht genügend zu essen, und dann noch diese Härte! Ich fing an, die Bibel zu hassen, und las sie nicht mehr mit Begeisterung.

Auch liebte ich damals meinen Vater nicht sehr. Er war einfach zu viel unterwegs. Wenn er nicht verhaftet war, dann war er auf Evangelisationstour, und wenn er nach Hause kam, wurden meine gelernten Kapitel abgefragt.

Heute weiß ich natürlich, dass mir dieses drastische Bibelstudium gutgetan hat. Mein Vater ist für mich wie ein großer und guter Freund geworden, ich bin ihm dankbar für mein Leben und für vieles, was ich aus der Bibel gelernt habe. Ich wundere mich oft, wie wenig westliche Christen von der Heiligen Schrift überhaupt wissen. Wie soll uns das Wort prägen und leiten, wenn wir es nicht kennen? Ja, ich bin meinem Vater dankbar für die Büffeltour durch die Schrift.

Jäger und Fischer

Im Sommer hatten wir drei Monate Ferien. Das war im Dorfleben die schönste Zeit. Als Kinder zogen wir los und erkundeten die Natur – manchmal zerstörten wir sie leider auch, aber das verstanden wir damals noch nicht. Die Eltern schickten uns auf die Felder zum „Stoppeln“: Wenn die Süßkartoffeln geerntet waren, dann gingen wir auf die Felder und gruben nach. So holten wir noch einiges aus der Erde, was der Bauer nicht gefunden hatte. Manchmal kam da ein halber Sack Kartoffeln zusammen.

Aber wir besorgten uns auch anderes Essen, wofür ich mich heute etwas schäme: Wir bastelten Katapulte aus Astgabeln und Gummistreifen und schossen damit nach Vögeln. Kleinere Vögel waren bloße Zielobjekte, sie starben grundlos. Größere Vögel trugen wir fröhlich und stolz nach Hause, sie bereicherten den Tisch der Familie.

Oder wir befestigten an Bambusstangen Eisenspitzen und gingen damit auf Froschjagd. Auch diese armen Tiere waren eine willkommene Abwechslung im Speiseplan unserer Familien. Meine Großmutter war besonders geschickt, aus den Froschschenkeln ein richtiges Fleischessen und aus dem Rest eine wohlschmeckende Suppe zu kochen. Wenn wir gar einmal eine größere Schildkröte gefangen hatten, dann gab es ein richtiges Fest in der Familie.

Beim Fischfang wendeten wir Kinder in unserem Dorf eine besondere Technik an. Wir spannten eine Folie über eine Schüssel und schnitten ein Loch in die Folie. In die Schüssel legten wir einige Stücke Brot. Dann versenkten wir die Schüssel im Fluss. Über Nacht kamen Fische, um das Brot zu fressen. Dazu schwammen sie durch das Loch in die Schüssel, konnten aber nicht wieder heraus. Am Morgen rannten wir dann zum Fluss und holten die reiche Ernte ein. Manchmal war aber die ganze Schüssel weg. Entweder die Strömung hatte sie mitgenommen oder andere Kinder hatten unsere Fischfalle gestohlen. Meine Mutter war immer sehr ärgerlich, wenn uns wieder einmal eine Schüssel abhandenkam, denn die kostete Geld und man musste bis in die Stadt, um eine neue zu kaufen.

Jungenstreiche

Ich war keineswegs ein kleiner Heiliger. Natürlich dachte ich mir auch Streiche aus und war frech. Das Katapult gehörte zur Standardausrüstung von uns Jungen. Es war immer dabei – auch in der Schule. Man wusste ja nie, wann es auf dem Schulweg etwas zu erlegen gab. Doch ich spielte damit auch auf dem Schulhof herum und „erlegte" eine Fensterscheibe. Da ich ein Pastorenkind war, konnte mir das als Provokation gegen die Schule ausgelegt werden. Mein Vater war gerade wieder im Gefängnis, und so musste ein anderer Pastor kommen, um das mit der Schule und der Parteileitung zu regeln. Natürlich musste die Scheibe auch ersetzt werden, aber ich war froh, dass es keine schlimmeren Nachwirkungen hatte.

Die anderen Jungen hatten mir beigebracht, wie man mit den Fingern im Mund pfiff. Das übte ich fleißig, um dann auch einmal in der Schulstunde einen verwegenen Pfiff loszulassen. Alle lachten und die Lehrerin wollte wissen, wer gepfiffen hatte. Aber ich war zu feige, es zu sagen, und die anderen verrieten mich nicht. Sie waren ja auch stolz auf ihren „Erfolg" bei mir.

So mussten alle Jungen den Klassenraum verlassen und bekamen vor der Tür einen Stockschlag auf den Hintern. Ich war froh, dass die anderen Jungen das mit Humor ertrugen und mir die Stockschläge nicht heimzahlten. Das wären immerhin dreiunddreißig Stockschläge gewesen … So viele Jungen waren nämlich mit mir in der Klasse.

Ein andermal spielte ich in der Schule mit Streichhölzern. Ein Streichholz wurde mit der Kuppe auf die Reibefläche gestellt. Der Daumen der linken Hand hielt es fest, und mit dem Daumen und einem Finger der rechten Hand wurde das Hölzchen weggeschnippt. Wenn das richtig gemacht war, dann flog das Streichholz brennend davon.

Mir gelang das mit der Zeit ganz gut, nur mit dem Zielen hatte ich noch meine Probleme. So flog eins meiner brennenden Streichhölzer einem Mädchen an den Hals, entzündete ihre Haare und hinterließ eine schlimme Brandwunde. Die Narbe hat das Mädchen sicher heute noch. Da meldete sich mein schlechtes Gewissen. Ich hatte Angst, dass die Leute jetzt schlecht von uns Christen reden würden: „Ja, die Christen zünden Menschen an und verstümmeln Mädchen. Die Kinder vom Pastor werden eines Tages noch das Dorf anzünden. Es ist ganz richtig, dass der Vater schon im Gefängnis sitzt."

Solche Gedanken schossen mir durch den Kopf. Aber zum Glück gehörte die Familie des Mädchens auch zu den Gläubigen im Dorf, und ich entschuldigte mich unter Tränen bei ihnen. Dem Mädchen steckte ich immer wieder einmal etwas zu, einen Kugelschreiber, eine saftige Mandarine oder eine Zuckerstange, die ich wirklich sehr gern selbst gegessen hätte. Sie nahm alles immer wortlos an, würdigte mich aber keines Blickes und sagte auch nie Danke. Anscheinend habe ich sie auch innerlich sehr verletzt. Wenn ich heute an diesen dummen Jungenstreich denke, möchte ich gern die junge Frau wieder treffen und mich mit ihr versöhnen.

11 Polizei und Dämonen

Unsere Gemeinde traf sich weiterhin in unserem Haus oder in anderen Privatwohnungen. Ein eigenes Gemeindehaus hatten wir nicht. Wenn es im Dorf nicht möglich war, dann trafen wir uns im Wald oder am Fluss in einer Uferbucht, die nicht gut einzusehen war. Es war erstaunlich, wie sich die Information darüber verbreitete: Immer war die ganze Gemeinde versammelt, auch an den geheimsten Orten.

Wenn die Behörden uns wieder einmal stärker verfolgten, dann trafen wir uns hin und wieder auf dem Friedhof. Manchen neuen Christen war das etwas unheimlich, aber die leitenden Brüder und Schwestern machten uns Mut und sagten: „Die teuflischen Dämonen und die bösen Ahnengeister haben keine Macht mehr – Jesus ist der Sieger und er ist vom Tod auferstanden. Wenn uns ein Geist auf dem Friedhof begegnen sollte, dann kann es nur ein Auferstandener sein …

Es war im Frühjahr. Mein Vater war wieder einmal auf der Flucht. Unser Haus stand unter ständiger Beobachtung, weil die Polizei meinen Vater unter allen Umständen ergreifen wollte. Sie hofften, dass er heimlich verkleidet oder nachts in unser Haus kommen würde. So war es nicht möglich, sich als Gemeinde bei uns zu versammeln. Wir sprachen uns ab, dass wir uns auf dem Friedhof treffen wollten. Die Polizei bekam das aber mit und sollte uns alle verhaften.

Aus der Kreisstadt wurden fünf Polizisten in unser Dorf geschickt. Als sie hörten, dass wir auf dem Friedhof waren, wollten sie nicht dorthin gehen. Der Vorgesetzte wurde böse und wollte die anderen Polizisten zwingen, den Friedhof zu betreten und uns alle abzuführen. Aber sie hatten solche Angst vor den Geistern, dass sie keinen Fuß auf den Friedhof setzen wollten. Mehrere Meter entfernt blieben sie stehen und gingen keinen Schritt weiter. Der Anführer aber tobte so laut, dass wir es auf dem Friedhof hören konnten.

Schließlich kamen die Polizisten so heftig in Streit, dass sie aufeinander losgingen und sich schlugen. Wir konnten das Gebrüll auf dem Friedhof hören und brachen den Gottesdienst vorzeitig ab. Leise verschwanden wir an verschiedenen Stellen vom Friedhof in die Nacht hinaus. Einige von uns aber gingen zu den Polizisten und verbanden notdürftig die Verletzten.

Der Besessene

Aber mit Dämonen und bösen Geistern, von denen die Bibel ja berichtet, hatten wir es hin und wieder auch zu tun. In unserer Gegend lebten Besessene. Es waren Menschen, die mit Aberglauben und mysteriösen Praktiken in eine schlimme Abhängigkeit gekommen waren. Manche hausten im Wald oder in Höhlen unten am Fluss. Um diese Höhlen und um ihre Bambushütten waren seltsame Dinge aufgehängt. In den Bäumen schwebten Puppen aus Reisstroh und Rinde. Wir wussten nicht richtig, was diese Besessenen da im Geheimen trieben. Aber manchmal gingen Menschen aus dem Dorf zu ihnen und nahmen kranke Kinder oder Tiere mit, um sie mit Zaubersprüchen heilen zu lassen.

Auf mich machten diese Magierinnen und Zauberer einen beklemmenden Eindruck. Selten kamen die Zauberer ins Dorf, und ich weiß auch nicht, wovon sie eigentlich lebten. Vor diesen Menschen hatten wir Kinder immer Angst, weil sie ungepflegt und verwildert aussahen. Wenn sie uns anschauten, hatten wir den Eindruck, sie spießten uns mit ihren Augen auf.

Hin und wieder kam es auch vor, dass ein Zauberer oder so eine Geisterfrau unsere Gebetsversammlung besuchte. Da waren die Gläubigen immer sehr aufgeregt. Aber meine Großmutter ging unerschrocken auf sie zu und rief ihnen immer wieder den Namen Jesus zu. Für sie war klar, dass diese Menschen von einem Dämon besessen waren. Manchmal schrien diese Menschen dann und wurden auch gewalttätig. Einmal konnten zehn Männer von der Gemeinde eine Frau nicht bändigen, die wie wild um sich schlug und auch einige Männer so sehr biss, dass sie bluteten. Wir Kinder wurden dann meistens aus dem Zimmer geführt. Doch wir hörten das Schreien und grässliche Fluchen der Dämonen.

Einmal war ich aber dabei und erlebte mit, wie ein Dämon aus einem Mann ausgetrieben wurde. Wir hatten schon mit der Gebetsversammlung begonnen und sangen einige der beliebten Evangeliumslieder, als der Mann plötzlich fluchend und mit bösem, stechendem Blick in den Hof kam. Es war Sommer und wir konnten uns im Freien versammeln. Weil der Mann begann, mit einem Stock auf die Gläubigen einzuschlagen, und einigen die Gesangbücher aus der Hand schlug, ging meine Großmutter mutig auf ihn zu und sagte: „Du böser Dämon, ich gebiete dir, dass du dich aufhängst." Im selben Augenblick wurde der Mann vom Fußboden gelöst und schwebte einen halben Meter über den Steinplatten. Dort fuchtelte er herum, konnte sich aber nicht von der Stelle bewegen und traf niemanden mehr mit seinem Stock.

Er schimpfte und fluchte weiter, aber die Gemeinde begann nun laut, ja, sehr laut für den Mann zu beten. Einige geboten dem bösen Geist, andere lobten Gott für seine verändernde Kraft und dass Jesus stärker war als alle Dämonen.

Die Bewegungen des Mannes wurden immer müder und man merkte, dass ihn diese hängende Lage in der Luft sehr viel Kraft kostete.

Da fragte Nai nai: „Du böser Geist in dem Mann, willst du jetzt ausfahren und den Mann in Ruhe lassen?"

Plötzlich war die Kraft wieder in dem Mann und er schrie und zappelte.

Da rief meine Großmutter: „Du satanischer Dämon, ich gebiete dir, dass du dich umdrehst.“ Da sahen wir alle, wie sich der Mann in der Luft so drehte, dass sein Kopf nach unten hing – immer noch über dem Boden schwebend. Jetzt wurden seine Bewegungen ganz schwerfällig, sein Fluchen verstummte, und er brachte nur noch röchelnd irgendwelche bösen Worte heraus.

Wieder betete die Gemeinde, die sich jetzt um den Mann herum aufgestellt hatte. Erschüttert über den in der Luft hängenden Mann und über die Realität der Dämonen lobten sie Gott laut und riefen immer wieder den Namen Jesus über dem Mann aus. Der kleine Hof hallte wider von den Jesusrufen. Man hörte das sicher im ganzen Dorf. Es muss ungefähr zwei Stunden gedauert haben. Inzwischen war es dunkel geworden, und ich fürchtete mich sehr vor dem in der Luft hängenden Mann.

Schließlich fragte meine Großmutter wieder, ob der böse Geist jetzt aus dem Mann ausfahren wolle. Da stieß der Mann einen so grässlichen Schrei aus, dass wir alle fürchterlich erschraken, und dann fiel er wie tot auf die Erde.

Nai nai ging zu ihm, rüttelte ihn und fragte, ob er Jesus in sein Leben aufnehmen wolle. Er sei jetzt frei und er brauche einen neuen Herrn in seinem Leben, sonst käme der Dämon zurück.

Der Mann weinte und konnte nur stockend sagen, dass er gern Jesus in seinem Leben haben wolle. Nie wieder wolle er von so einem grässlichen Geist gequält werden.

Meine Großmutter sprach ihm ein langes Übergabegebet vor, und er wiederholte stockend, aber sehr bewegt jedes Wort. Jetzt lobte die ganze Versammlung Jesus und seine Macht, und anschließend gingen die Besucher alle sichtlich erschüttert nach Hause.

Ich weiß seitdem, dass die Dämonen eine Realität sind, aber ich habe auch erlebt, dass die Kraft Jesu größer und stärker ist.

Nai nai wusste noch mehrere solcher Geschichten zu erzählen, aber sie tat es nicht gern, weil sie die Macht der Dämonen nicht anerkennen und verbreiten wollte.

Eines Tages kam wieder einmal Polizei in unser Haus. Die Polizisten fahndeten nach meinem Vater. Sie durchsuchten das ganze Haus und sahen auch die vielen Urkunden, die ich für schulische und sportliche Erfolge bekommen hatte. Die hingen alle schön aufgereiht und füllten fast eine ganze Wand in unserem zentralen Raum.

Ein Polizist schaute sie sich sehr genau an und sagte dann: „Aus dir wird einmal etwas Großes für China werden."

„Ja", bestätigte Nai nai, „ein Prediger des Evangeliums."

Verdutzt und ohne meinen Vater zogen die Polizisten wieder ab.

12 Geheime Treffen

Wir hatten ein gutes Informationssystem gefunden. Das kam durch unsere Gruppenverantwortlichen. Wir waren in Gruppen von fünf, fünfzig und hundert aufgeteilt. Für jede Gruppe war eine Person verantwortlich. Schon als Zehnjähriger wurde ich wegen meiner guten Bibelkenntnisse der Verantwortliche für eine Fünfergruppe. Ich fühlte mich damals sehr wichtig und geehrt, dass ich die Gruppe führen durfte. Immer wieder lud ich auch andere Jugendliche in die Gruppe ein, denn ich setzte meine ganze Ehre hinein, dass unsere Gruppe bald zu groß wurde und daraus wieder eine neue Fünfergruppe entstehen konnte. Ich wollte gern so wie mein Vater sein, der viele Gemeinden gegründet hatte.

Für mich war das ein sehr positives Erlebnis, weil ich sonst keine Bestätigung in unserem Dorf bekam. In der Schule war ich ein Außenseiter. Sie nannten mich „kleiner Jesus". Das könnte zwar eine Auszeichnung sein, aber es war spöttisch und verächtlich gemeint. Ich war auch geächtet, weil mein Vater oft im Gefängnis saß. Auch über meine Mutter wurde sehr schlecht geredet, weil sie einen Sohn hatte und eigentlich keinen Mann. Das Denken der Leute im Dorf war immer noch sehr einfach und von kommunistischer Seite leicht zu beeinflussen.

Damit wir uns auch unter einem schützenden Dach treffen konnten, wenn die Polizei Gottesdienste in unseren Häusern stören wollte, erbaute die Gemeinde einige Versammlungsorte extra im Verborgenen. Ich erinnere mich noch, wie mich mein Vater einmal mit nach Nanjang nahm, wo die Gemeinde eine Höhle als Versammlungsort gegraben hatte. Wir gingen in ein Haus, das an den Berg gebaut war. Es schien nichts Besonderes, ein Haus wie Hunderte andere in der Gegend. Nur der Garten war neu angelegt. Überall frische Erde und darauf Blumen, Büsche und neue Gemüsefelder.

Die herausgebrochenen Steine waren nachts weggetragen worden. Damit hatten sie ein kleines neues Steinhaus mit einem Raum gebaut, in dem mein Vater zwei Jahre im Verborgenen lebte. In der Küche des Wohnhauses aber war hinter einem Brennholzstapel der verdeckte Eingang zu dieser Höhle. Wenn man den Stapel zur Seite schob, wurde ein dunkles Loch in der Wand sichtbar. Bei einem Besuch krochen wir mit einer Kerze in dieses Loch, das sich als Gang von etwa einem Meter Höhe herausstellte. Einige Schritte ging es in gebückter Haltung in den Berg, bis sich ein Raum öffnete, der für sechzig bis siebzig Personen ausreichte.

Dort standen einfache Bänke, an der Wand zwei Öllampen. Sechzehn Menschen waren versammelt, die hier eine geheime Bibelschule abhielten. Mein Vater und andere Glaubensbrüder bildeten hier Leiter für Hauskirchen aus.

Auf einem Brett an der Wand gab es unter anderem interessante Bücher aus dem Ausland, die strikt verboten waren. Aber für mich war es sehr interessant, theologische Bücher in chinesischer Sprache zu lesen. Gern hätte ich einige mit nach Hause genommen, aber das war zu gefährlich.

Nach zwei Stunden war die Luft in der Höhle so verbraucht, dass mir richtig schlecht wurde. Eine der älteren Frauen wurde ohnmächtig, und so mussten wir alle erst einmal an die Luft. Es hätte dringend ein Lüftungsschacht gebohrt werden müssen, aber dafür fehlte der Gemeinde das Werkzeug, und wer sollte das machen? Hin und wieder geschah es schon, dass ein Bruder, der an große Werkzeuge herankam, auch für die geheimen Hauskirchen etwas richtete, aber das war immer gefährlich,

Ein Bruder arbeitete damals in einem Stahlwerk. Als seine Gemeinde einen kleinen Schuppen zur Kirche umbaute, besorgte er einen Stahlträger aus dem Betrieb. Natürlich war das nicht ganz ehrlich, aber es war üblich, dass alle Arbeiter sich irgendwie mit Stahl bedienten, wenn sie daheim etwas benötigten. Einer hatte damit eine sieben Meter lange Brücke aus Stahlträgern gebaut, um von seinem Haus aus über den Fluss auf sein Feld zu kommen. Als das herauskam, wurde er nur öffentlich getadelt und musste so viel Stahlschrott sammeln, wie der Stahlträger wog, den er entwendet hatte.

Der Bruder aus der Gemeinde hätte den Träger auch gern bezahlt, aber es durfte ja nicht bekannt werden, dass er ihn für eine illegale Kirche benötigte. Doch der Fall kam vor die Betriebsleitung, und die Partei interessierte sich sofort dafür. Ein Stahlträger für eine illegale Kirche war viel schlimmer, als eine ganze Stahlbrücke zu entwenden. Er wurde verhaftet, verlor seine Arbeitsstelle und musste eine Strafe zahlen, die so hoch war wie sein Jahreslohn. Die konnte er natürlich nicht bezahlen, und so kam er ins Gefängnis. Dort wurde er als „Saboteur“ schwer misshandelt und täglich mit den dreckigsten Arbeiten gedemütigt. Er bereute den Diebstahl sehr, aber es half ihm nichts. Man gab ihm kaum etwas zu essen. Oft nahmen ihm die anderen Gefangenen das noch weg oder vermischten es mit Fäkalien, denn er war ja ein „Saboteur“. Schließlich wurde er durch die Misshandlungen und den Hunger so krank, dass er im Gefängnis starb.

Auch viele aus der Gemeinde wurden misshandelt. Wochenlang waren Einzelne in Haft. Sie mussten schlimme Verhöre und Folter erdulden. Die halb fertige Kirche wurde von Bulldozern niedergewalzt und an der Stelle ein Schild zur Warnung für alle geheimen Kirchen aufgestellt.

Meine Mutter ging nicht gern in die „Evangeliumshöhle" im Berg von Nanjang, wie wir sie nannten. Denn sie konnte dort nicht tanzen. In einer Zeit, als mein Vater wieder einmal länger bei uns war, begann sie mit Anbetungstanz. Sie hatte das einmal bei einer anderen Christin gesehen, und das hatte sie sofort interessiert. Am Anfang sah es eher ungelenk und lustig aus, und es war auch in den Augen vieler Christen nicht geistlich genug. Aber mit der Zeit wurde sie sehr geschickt und gab sogar Tanzkurse. Langsam wurde Anbetungstanz zum festen Bestandteil der Zusammenkünfte – nur eben nicht in der Evangeliumshöhle, weil dort einfach kein Platz dafür war.

Als die politische Entspannung kam und wir uns auch wieder öffentlich versammeln konnten, gab es sogar Tanzvorführungen bei öffentlichen Festen.

Auch wenn wir in unserem Dorf immer arm waren, so haben wir gern Feste gefeiert. Das Mondfest am 15. August – nach dem chinesischen Mondkalender – war so ein Höhepunkt. Es ist ein Fest ganz für die Familie. Man isst zusammen besondere gute Speisen, wozu der Mondkuchen gehört, eine Mischung von Bohnen, Fleisch, Nüssen und Schokolade in Mürbeteig gebacken. Man feiert auf der Straße und wünscht allen, denen man begegnet, Glück und langes Leben. Dann schaut man natürlich in den Vollmond, der an diesem Tag besonders gut zu sehen ist. Man erkennt eine Frau mit einem Hasen, und alle schwärmen von der Schönheit dieser Frau. An dem Tag ist man auch über den Mond mit den Angehörigen verbunden, die nicht zu Hause sein können. Denn sie sehen auch zum Mond und feiern.

Getanzt wurde ebenso am Neujahrsfest, unserem wichtigsten Fest. Mit ihm beginnt nach dem chinesischen Kalender das neue Jahr – das Jahr eines der zwölf heiligen Tiere: Drache, Schlange, Pferd, Ziege, Affe, Hahn, Hund, Schwein, Ratte, Rind, Tiger, Hase.

Nach dem westlichen Kalender findet das Neujahrsfest zwischen dem 21. Januar und dem 21. Februar statt. Auch hier trifft man sich in der Familie, und es werden köstliche Speisen gegessen. Dazu gehört Fisch, der aber nicht aufgegessen werden darf, denn die Wörter für „Fisch" und „Glück" klingen ganz ähnlich. Überhaupt spielt da viel Aberglauben eine Rolle. Doch daran störten wir uns als Christen nicht, wir feierten fröhlich mit. Man schenkt sich gegenseitig Geld in roten Umschlägen. Auch in den Gemeinden beschenkten wir uns, allerdings war in den roten Umschlägen dann ein Bibelwort oder ein Lesezeichen. Die rote Farbe spielte eine große Rolle, hatte aber den Hintergrund, dass die bösen Geister vom Rot abgeschreckt werden sollten. Deshalb fürchteten sie ja auch das rote Blut von Jesus, der mit seinem Blut das Böse und die Sünde besiegt hatte.

Um den 1. Mai und den Nationalfeiertag am 1. Oktober gab es überall in China Straßen- und Volksfeste. Den Leuten gefielen die Tanzvorführungen meiner Mutter und ihrer Gruppe, obwohl sie an Festen des kommunistischen Chinas tanzten. Die Tanzgruppen versuchten mit dem Tanz Evangelium zu vermitteln. Natürlich war das nicht sofort zu erkennen. Aber wenn die Leute fragten, konnten wir persönlich über das Evangelium sprechen, und dann verstanden sie auch die einzelnen Tanzbewegungen.

In etwas ruhigeren Zeiten waren in unserem Haus viele Evangelisten und Prediger zu Gast. Wir hatten zwar nicht viel zu essen, aber es reichte immer für die Gäste. Manchmal ging ich mit hungrigem Magen ins Bett, weil wir wieder einen Prediger zu Gast hatten. Dann stand ich oft nachts auf und schaute nach, ob er etwas übrig gelassen hatte. Aber das war nur selten der Fall.

Doch ich wurde durch die Gäste auch beschenkt. Sie beteten für mich und segneten mich. Viele sprachen den Segenswunsch aus, dass aus mir einmal ein vollmächtiger Prediger werden solle, und mehr und mehr wünschte ich mir das auch.

Als ich elf Jahre war, nahm ich an einer Bibelschule teil, da mein Vater der Leiter war. Nach der Schulung wurden wir in Gruppen ausgesandt, um zu verkündigen und zu evangelisieren. Die weiten Wege waren aber für mich als Elfjährigen sehr anstrengend, sodass mich ältere Jugendliche schon mal auf den Schultern trugen. Die Strecken über Felder, durch dichte Wälder und über Bergrücken verkürzten wir uns, indem wir sangen und beteten.

In einem kleinen Dorf angekommen, gab es für uns ein reichhaltiges Essen. Die Leute waren arm und hatten eigentlich nicht genügend für sich selbst, doch der Besuch der Bibelschüler war für sie eine enorme Stärkung, und das feierten sie mit uns. Ein Ältester bat mich, vor den siebzig Bauern zu predigen. Ich war aber doch erst elf und wusste nicht, was ich predigen sollte.

Auch die anderen Bibelschüler ermutigten mich. Sie trauten mir das zu, weil ich ja der Sohn von Bruder Yun war. Ich ging in die Schlafkammer und versteckte mich unter der Schlafdecke. Mit geschlossenen Augen schlug ich die Bibel auf und betete, dass mich der Herr einen guten Text finden ließ. Ich schlug die Bibel mehrfach im Alten Testament auf, aber zu den Geschichten konnte ich nichts sagen. Bis ich nach vielen Versuchen eine Geschichte fand, über die ich predigen konnte. Sie stand im Johannesevangelium Kapitel 4: Jesus begegnet der Frau am Brunnen.

Der Gottesdienst fand im umschlossenen Hof eines Wohnhauses statt. Rundum war eine Mauer, über die man nicht hinwegsehen konnte. Nur eine schmale Tür führte in den Hof. Sie wurde aber verschlossen, als die Gemeinde versammelt war. Die siebzig Männer und Frauen waren sehr gespannt, was der Junge zu verkündigen hatte. Zuerst wurde aber gesungen und gebetet. Heute weiß ich, dass ich nicht gut gepredigt habe, ich habe ziemlich zusammenhanglos von Gott und Jesus erzählt.

Nach zwanzig Minuten gab es vor der Mauer Tumult, Motorenlärm und Männerstimmen. Sie wollten in den Hof kommen. Da aber die Tür verschlossen war, traten sie diese ein und verschafften sich mit Gewalt Eintritt in die Versammlung. Es waren Polizisten in Zivil. Sie wurden richtig böse, als sie sahen, dass so viele Christen beieinander waren. Mit ihren Messern schnitten sie die Wäscheleinen im Hof herunter und fingen an, damit die Menschen zu fesseln. Der Vorgesetzte schrie immer wieder: „Wer ist der Kopf der konterrevolutionären Bande?"

Natürlich bekam ich eine fürchterliche Angst. Ich wusste ja, wie sie mit Christen umgingen. Mein Vater hatte fürchterliche Dinge erzählt, die er selbst hatte durchleiden müssen, und auch von anderen Christen, die wegen ihres Glaubens gefoltert und umgebracht worden waren. Ich zitterte und betete, dass Jesus mich beschützte.

Irgendwie war mir klar, dass auch ich eines Tages für meinen Glauben leiden müsste, aber bitte jetzt noch nicht, bat ich. Noch hatte ich zu viel Angst vor Schmerzen und Gefängnis. Die Prüfung war noch zu früh!

Plötzlich fiel mir ein Lied ein, das Nai nai immer sang: „Jesus liebt mich, Jesus liebt mich, ich bin geborgen in seinem Schoß." Zitternd betete ich, dass mich Jesus jetzt in seinen Schoß nahm und mich noch nicht leiden ließ.

Dann kam ein Polizist nach vorn und entdeckte mich. Er schlug mir auf den Po und sagte, dass ich hier verschwinden solle. Solche verbotenen Versammlungen seien nichts für Kinder. Mit einem kräftigen Tritt in den Hintern beförderte er mich zur Tür.

Ich rannte natürlich sofort hinaus und verdrückte mich draußen.

Später erfuhren die Polizisten, dass ich der Prediger gewesen war, und sie begannen, das Dorf nach mir abzusuchen. Doch eine Familie hatte mich gut versteckt. Am nächsten Tag brachte sie mich unter einer Decke im Ochsenwagen zum Bus und bezahlte mir sogar noch das Fahrgeld. Wohlbehalten kam ich daheim an.

Die Gemeinde und die anderen Bibelschüler wurden die Nacht über in dem Hof festgehalten und verhört. Sie sollten Namen von anderen Christen und Versammlungsorte verraten. Doch das hatten wir trainiert, dass wir nie einen anderen Menschen verrieten. So wurden viele geschlagen. Am nächsten Morgen fuhren die Polizisten verärgert, ohne Information und ohne den kindlichen Prediger wieder ab. Meine mitgereisten Bibelschüler aber waren verhaftet worden, weil sie ja nicht aus dem Ort waren und als illegale Evangelisten angesehen wurden. Darauf standen normalerweise drei Jahre Gefängnis. Mehrere Monate waren sie in Haft, bekamen kaum etwas zu essen und keinen ordentlichen Platz zum Schlafen.

Den Besitzer des Hauses hatten die Polizisten auch mitgenommen. Er bekam eine Strafe, weil er sein Haus für eine verbotene Versammlung – „illegale Zusammenrottung" hieß das – zur Verfügung gestellt hatte. Die Namen der anderen Versammelten aus dem Dorf wurden aufgeschrieben, und sie mussten damit rechnen, dass sie weitere Schwierigkeiten bekamen, vor allem, wenn sie wieder einmal bei einer Razzia erwischt wurden.

Für mich war diese Erfahrung trotz meiner Angst eine Ermutigung. Gott erhört Gebet. Er fordert nicht mehr, als wir bringen können. Jetzt war für mich auch der Entschluss gewachsen, in Zukunft dem Leiden nicht mehr aus dem Weg zu gehen, denn ich wusste, dass der Herr hilft und denen beisteht, die für ihn unterwegs sind. Vollmundig berichtete ich nun auch bei anderen Versammlungen dieses Erlebnis mit Gott. Dass die anderen Bibelschüler in Haft waren und eine schlimme Zeit durchmachen mussten, verdrängte ich bei meinem Erzählen – aber ich war ja erst elf Jahre alt.

13 Wir mussten fliehen

Zum Übernachten war ich eigentlich immer daheim. Nur an diesem Abend probierte ich mein neues Fahrrad aus und fuhr zu einem Freund in die Stadt. Da es schon spät war, blieb ich die Nacht bei ihm. Wie gesagt, das war äußerst ungewöhnlich für mich.

Genau in dieser Nacht kam die Polizei zu uns nach Hause, um uns alle zu verhaften. Die Polizei war wieder hinter meinem Vater her, aber auch meine Mutter sollte jetzt verhaftet werden. Sie konnte meine Schwester Yiling gerade noch über die hintere Mauer heben. Yiling sollte schnell zum Gemeindeleiter laufen und sich in Sicherheit bringen.

Da brachen die Polizisten schon unsere Haustür auf und durchwühlten das Haus auf der Suche nach meinem Vater. Sie stürzten die Möbel um. In dem Chaos ging viel zu Bruch. Die Nachbarn schauten heimlich hinter den Fenstern zu. Keiner traute sich, den Polizisten Einhalt zu gebieten – das wäre zu gefährlich gewesen. Wer einem Staatsfeind hilft, ist selbst ein Staatsfeind. Und weil die Polizei unser Haus durchwühlte, mussten wir ja etwas verbrochen haben – so einfach dachten die Menschen damals.

Meine Mutter wurde verhaftet, aber sie haben sie noch nicht geschlagen. Erst später auf der Polizeiwache, wo es keine Zeugen gab, trat man sie, schlug sie mit Stöcken und beschimpfte sie mit üblen Verleumdungen und Anschuldigungen. Man wollte von ihr das Versteck meines Vaters wissen. Die Foltermethoden waren sadistisch, aber sie bekamen die Informationen nicht, die sie wollten. Als man meiner Mutter spitze Nadeln unter die Fingernägel schob, schrie sie so, dass es den Polizisten unheimlich wurde – aber Informationen bekamen sie trotzdem nicht.

Wie ich mein Fahrrad verlor

Ich hatte nichts von der Polizeiaktion mitbekommen, übernachtete bei meinem Freund und fuhr am nächsten Tag sorglos in die Schule. Als ich meine Schwester in der Schule nicht sah, fuhr ich nach dem Unterricht zu unserem Haus. Die Tür war zum Teil zersplittert, mit einer Kette zugehängt und verschlossen. Ich erkannte eine Kette, wie sie nur die Polizei benutzte, und war gewarnt. Durch das Fenster sah ich, dass sie im Haus viel zerstört hatten. Im schlammigen Straßengraben lag ein Schwarz-Weiß-Foto von meinem Großvater, das meinem Vater viel bedeutete. Sie hatten es einfach weggeworfen oder es war ihnen heruntergefallen, als sie die noch verwendbaren Gegenstände aus unserem Haus mitnahmen.

Plötzlich hatte ich solche Angst, selbst verhaftet zu werden, dass ich mich nicht traute, das Bild aufzuheben, es sauber zu wischen und in die Tasche zu stecken. Noch heute sehe ich manchmal dieses Foto im Schlamm vor mir liegen – und wie mein Vater froh gewesen wäre, wenn ich ihm später diese gerettete Erinnerung hätte überreichen können.

Schnell fuhr ich zum Gemeindeleiter und traf dort meine verängstige und weinende Schwester an.

Eine Stunde später saßen wir schon im Bus und fuhren in die Stadt. Wir waren auf der Flucht vor der Polizei und besaßen im Grunde nur das, was wir auf dem Leib trugen.

Jetzt hatte ich auch noch mein neues Fahrrad verloren. Meine Schulmappe war ebenfalls im Dorf liegen geblieben. Später fand unser Beschützer einen Weg, mir und meiner Schwester die Schulunterlagen zukommen zu lassen. Mein schönes Fahrrad aber sah ich nie wieder.

In der Stadt warteten Christen auf uns und brachten uns weiter in die Provinzhauptstadt von Henan, Zhengzhou.

Ich bin diesen Männern und Frauen sehr dankbar, dass sie uns so schnell aus der Gefahrenzone brachten. Wir hätten sonst das Schicksal vieler Kinder von inhaftierten „Staatsfeinden" teilen müssen. Diese Kinder werden in Erziehungsheime gesteckt, die extra dafür eingerichtet sind, Kindern mit Gehirnwäsche die christlichen Ideen auszutreiben. Sie werden mit psychologischen Methoden zu Freunden des Kommunismus erzogen. Da Kinder leicht zu beeinflussen sind, führt das leider auch immer wieder zum Erfolg. Wenn die Eltern dann aus dem Gefängnis entlassen werden, haben die Kinder durch diese „Behandlung" oft so eine negative Einstellung zu ihren Eltern, dass sie nicht wieder zu ihnen zurückwollen. Wie furchtbar ist das dann für Christen, die um Jesu willen jahrelang im Gefängnis gefoltert wurden, dazu seelische Qualen erdulden mussten und dann erleben, dass sich ihre eigenen Kinder von ihnen lossagen! Ich hätte mich zwar nie gegen meine Eltern entschieden, aber was weiß ich, was die Behörden in solchen Kindererziehungsanstalten alles mit mir angestellt hätten?

14 Von Gott enttäuscht

Aber das Leben in der Stadt war für uns Kinder aus der dörflichen Idylle auch nicht leicht. Es hieß für mich und meine siebenjährige Schwester, einen neuen Dialekt zu lernen, neue Freunde zu finden und uns unter den fremden Kindern zu behaupten. Das Leben in der Stadt war schmutzig und laut, es gefiel mir überhaupt nicht. Früher im Dorf hatten wir manchmal davon geträumt, in der Stadt zu leben, mit großen Geschäften, festen Steinhäusern und vielen Autos. Aber jetzt hatte ich es weit, bis ich einmal auf eine Wiese kam. Der Park war zwar schön, aber dort durften wir nicht spielen, weil die Erwachsenen für ihre Tai-Chi-Übungen Platz und Ruhe brauchten und in ihrer Konzentration nicht gestört werden wollten. In unserem Dorf hatte zwar auch viel Müll herumgelegen, aber hier in der Stadt stank es an jeder Hausecke anders.

In Zhengzhou konnten wir bei einer Christin wohnen, die aber nur eine sehr kleine Wohnung hatte und sehr arm war. Sie hatte einen Handel mit Stoffen begonnen, aber davon konnte sie selbst nicht leben. Nun waren wir auch noch als eine große Last in ihrem Haushalt. Uns Kindern blieb nichts anderes übrig – wir mussten auf die Straße gehen und sehen, dass wir irgendwie zu Geld kamen.

So begannen wir, Müll zu sammeln: Flaschen, Metall und Papier. Bei der Müllsammelstelle bekamen wir dafür etwas Geld, das wir dringend für Essen und Schulmaterial brauchten. Mich ekelte das dreckige Zeug bis zum Erbrechen an. Seit dieser Zeit habe ich mir angewöhnt, immer auf den Boden zu blicken, denn ich suchte nach Münzen, die Leute aus Unachtsamkeit verloren hatten.

Der Dreck, die Enge der Wohnung und der Gestank in der Stadt waren für mich unerträglich. Dazu kam noch die Verachtung der anderen Schüler gegenüber uns Dorfkindern und unserem für sie ungewohnten Dialekt. Wir mussten außerdem wieder unser Christsein verstecken. Alles zusammen war für mich eine zu große Last. Ich wurde böse auf Gott. Ich war richtig verbittert. „Gott, du hast meine Großmutter gesegnet, aber du hast sie weggenommen. Du hast meinen Vater gesegnet, aber er ist nicht da. Du hast meine Mutter gesegnet, aber sie hast du auch ins Gefängnis gebracht. Du wolltest mich segnen, aber ich merke nichts davon. Du musst ein winziger und kraftloser Gott sein. Die Götter des chinesischen Volkes sind da größer und mächtiger. Überall sind die Tempel mit den Göttern und wo bist du?“

Natürlich hatte ich schon viel mit Gott erlebt, aber in dieser Stadt war mir Gott sehr klein und wirkungslos geworden. Mein Hass auf diesen Winzling von Gott war so groß, dass ich beschloss, niemals ein Prediger zu werden.

Heute verstehe ich, wenn Menschen in großer äußerer Not nicht an die Liebe Gottes glauben können. Für mich kam später mit siebzehn Jahren langsam die Erkenntnis, dass ich zwar Gott hassen konnte, er mich aber trotzdem liebte. Er ließ mich nicht los, auch wenn ich ihm damals mit dreizehn Jahren den Gehorsam aufkündigen wollte.

In den Städten kam eine neue Versuchung auf mich zu – der Materialismus. Einige Jungen in meiner Klasse hatten Kassettenrekorder, CD-Player und Computer. Alles Dinge, die mir völlig neu waren und die ich am Anfang auch nicht verstand. Aber nun wuchs in mir der Wunsch, diese Technik auch zu besitzen. Doch das war für mich so weit weg wie die Quelle des Jangtse von seiner Mündung im Gelben Meer. Wieder ein Grund mehr, mit Gott unzufrieden zu sein.

Damit uns niemand mit unserem Vater identifizieren konnte, bekam ich damals auch einen neuen Namen. Ich hieß jetzt Yang Yun. Der Name kam von meiner Ma, die aus einer Familie Yang stammt. Ich musste mich sehr an den neuen Namen gewöhnen. Wenn der Lehrer „Yang Yun" aufrief, reagierte ich nicht oder erst sehr spät, sodass es bald aufgefallen wäre, dass dies nicht mein richtiger Name war.

Nach drei Monaten wurde meine Mutter 1997 aus dem Gefängnis entlassen. Wieder zogen wir um, diesmal in eine ganz andere Gegend in der Stadt. Wir brachen alle Verbindungen zu Freunden und auch zur Gemeinde ab. Meine Mutter hatte so viel Schlimmes erlebt und wollte nicht noch einmal ins Gefängnis kommen. Uns wollte sie das erst recht ersparen.

Trotz unserer selbst gewählten Isolation erreichte uns die Nachricht, dass mein Vater auf wunderbare Weise aus dem Gefängnis freigekommen war. Er hielt sich bei Christen in Wuhan versteckt.

Wir konnten ihn dort besuchen, obwohl das für alle Beteiligten sehr gefährlich war. Die Berichte meines Vaters waren erschreckend und in ihrer Grausamkeit nicht vorstellbar. Wir wussten, dass eine neue Verhaftung für ihn unweigerlich den Tod bringen würde.

Wieder zogen wir weg, es war schon eine regelrechte Flucht von einer Stadt in die andere. In der Provinz Shandung gab es eine Familie, mit der wir seit drei Generationen verbunden waren. Dort konnten wir richtig untertauchen. Ich bin der Familie sehr dankbar, dass sie uns wieder Sicherheit gab. Mit ihrer Hilfe bekamen wir auch eine Wohnung, und wieder wechselten wir unsere Namen. Nun hieß ich Wang Ming Yun. Wieder ein neues Schulsystem, ein neuer Dialekt und neue Kontakte.

Trotz meiner Abneigung gegen den „kleinen" Gott hielt ich an ihm fest. Ich las in der Bibel und betete, aber mehr vernunftmäßig und nicht mit ganzem Herzen. Merkwürdigerweise lud ich trotzdem andere Jugendliche zum Glauben an Jesus ein und arbeitete sogar in einer christlichen Kindergruppe mit.

15 Zu Gast in der offiziellen Kirche

In dieser Zeit hielten wir uns zur Drei-Selbst-Kirche. Dass unser Vater ein Pastor der Untergrundkirche war, sagten wir niemandem. Die Drei-Selbst-Kirche ist die offizielle Kirche, die auch die Erlaubnis der Regierung hat, Kirchen zu benutzen, ja sogar neue Kirchen zu bauen. Wie ich schon erzählt habe, nennt sie sich Drei-Selbst-Kirche, weil sie die Prinzipien hat: „Selbstbestimmung", „Selbstfinanzierung", „Selbstausbreitung". Sie wurde gegründet, als 1949/50 alle ausländischen Missionare das Land verlassen mussten.

Damals waren die Christen in China plötzlich auf sich selbst gestellt. Um zu zeigen, dass das Christentum keine westliche Bewegung ist, gründeten die Christen im Land eine eigene chinesische Kirche. Dagegen konnte der Staat nichts unternehmen, versuchte aber immer wieder, Einfluss auf diese Kirche auszuüben – was ihm mal mehr und mal weniger gelang. Genauso gibt es die Patriotisch-Chinesisch-Katholische Kirche. Unabhängig vom Ausland – also auch vom Papst in Rom – gestalten sie ihre Messen und weihen ihre eigenen Priester. Auch bei den Katholiken gibt es eine Untergrundkirche, die sich nicht von Rom lossagte und weiterhin zum weltweiten Verbund der Katholiken gehört. Das passt dem Staat nicht, der keine ausländische Einmischung will. Denn so versteht er die geistliche Verantwortung des Papstes für alle Katholiken.

Die evangelische Drei-Selbst-Kirche bezeichnet sich als nachkonfessionelle Kirche. Es gibt die Konfessionen nicht mehr: lutherisch, methodistisch, baptistisch, anglikanisch usw. In der Drei-Selbst-Kirche sind alle evangelischen Christen vereint. Man erkennt zwar an den Gottesdiensten noch, aus welcher Tradition sie kommen, aber nach außen gibt es nur eine evangelische Kirche. Der Staat lässt sie gewähren, weil er durch seine Informanten und die öffentlichen Gottesdienste weiß, dass hier keine staatsfeindlichen und umstürzlerischen Pläne geschmiedet werden.

In den ersten Jahren nach 1950 hatte der Staat diese Kirche stark kontrolliert und sogar über die leitenden Bischöfe seinen Einfluss geltend gemacht. Damals war es auch zu großen Konflikten mit den Hauskirchen gekommen. Man hatte sich gegenseitig verdächtigt und verraten. Durch falsche Aussagen hatten sich Christen gegenseitig ins Gefängnis gebracht, und es war viel Schuld geschehen. Zum Glück ist diese Zeit vorbei, wenn auch noch nicht aufgearbeitet.

In den Untergrundkirchen konnte der Staat nicht so kontrollieren, deshalb war er misstrauisch. Er erklärte ihre Versammlungen für illegal und nahm sich das Recht, sie jederzeit aufzulösen, Mitarbeiter zu verhaften und ins Gefängnis zu werfen. Doch dieser Druck und die Verfolgung ließen die Hauskirchen wachsen, und die Gläubigen wurden eher gestärkt als abgeschreckt. Aber wir waren in das Visier der Staatspolizei gekommen, unsere Familie machte schlimme Jahre durch.

Meinem Vater gelang 1997 auf wundersame Weise die Flucht nach Deutschland, und wir, meine Mutter, Yiling und ich, tauchten unerkannt in Chinas Osten unter. Hier gingen wir jeden Sonntag in die Drei-Selbst-Kirche zum Gottesdienst. Mein Glaube wurde langsam wieder stabiler. Wie freute ich mich auf jeden Gottesdienst in der überfüllten Kirche! Es tat mir gut, die fröhlichen Christen zu erleben, die keine Angst vor Polizeiaktionen hatten, die zum Teil vor der Kirche bis auf die Straße hinaus standen und hemmungslos laut sangen! Bei den Taufen überraschte es mich immer, wie viele Menschen wieder neu zur Gemeinde dazugekommen waren. Manchmal waren es weit über hundert, meist Erwachsene.

Einmal, während einer Bibelstunde der Drei-Selbst-Kirche mit mindestens fünfhundert Personen, fragte der Pastor die Gemeinde, wodurch wir gerettet würden. Ich wollte sofort antworten: „Durch den Glauben an Jesus Christus." Doch meine Mutter hielt mich zurück, weil wir an der Antwort vielleicht als Mitglieder der Untergrundkirche erkannt worden wären.

Es war zwar nicht gefährlich, als Christ zu leben, auch in

der Schule wussten sie, dass ich in die Drei-Selbst-Kirche ging. Doch wenn sie erfahren hätten, dass wir aus der Hauskirchenbewegung kamen, wären sie misstrauisch geworden. Hauskirche ist immer noch ein Reizwort, und viele vermuten auch sektiererische Bewegungen dahinter.

Innerhalb der Drei-Selbst-Kirche gab es aber mehr und mehr Offenheit und Vertrauen gegenüber den Christen aus den Untergrundkirchen. Die Feindschaften der früheren Jahre waren vorbei. Die Leiter trafen sich auch heimlich und versuchten ein neues Verhältnis zueinander aufzubauen. Doch die offizielle Parteilinie stufte die Hausgemeinden immer noch als staatsfeindlich und konterrevolutionär ein. So wollten wir nicht provozieren und bekannten uns öffentlich nicht dazu.

Langsam wuchs aber auch wieder unser Kontakt zur Hauskirche. Heimlich besuchten uns Christen aus Hauskirchen oder holten uns mit dem Auto ab. Die Hauskirchenversammlungen gab es damals meistens in den Dörfern. Heute breitet sich die Bewegung in den Städten ebenfalls sehr stark aus.

Ich wurde sogar wieder gebeten, in Hauskirchen zu verkündigen. Das stärkte meinen Glauben, und mir war oft, als predigte ich mir selbst. Als dann auch Menschen zu mir kamen, damit ich für sie betete und um von mir gesegnet zu werden, wusste ich, dass Gott mir meinen Ungehorsam und meinen Groll gegen ihn vergeben hatte.

Während eines kurzen heimlichen Besuchs bei meiner Großmutter wusste ich, dass wir uns zum letzten Mal sahen. Sie kam nicht mehr aus der kleinen Wohnung heraus, weil sie einen Unfall gehabt hatte. Eine Krankenversicherung hatte Nai nai nicht und sie konnte auch keinen langen Krankenhausaufenthalt bezahlen. So lag sie lange und wartete unter vielen Schmerzen, bis die Knochen wieder zusammengewachsen waren. Versorgt wurde Nai nai von der Gemeinde in unserem Heimatdorf.

Doch sie konnte ihr Bein nicht mehr lange belasten und war ans Haus gefesselt. Gern hätten wir sie zu uns genommen, aber wir waren ja selbst auf Hilfe von anderen Christen angewiesen und ständig auf der Flucht. Später ging es meiner Großmutter so schlecht, dass sie ihr kunstvolles Sterbegewand anzog und nur noch darauf wartete, dass der Tod sie heim zu Jesus holte. Als sie dann hörte, ihr Sohn, mein Vater, sei in Sicherheit und könne in Deutschland ohne Verfolgung leben, blühte sie wieder auf, zog ihr Sterbegewand aus und wollte nur noch dafür leben und beten, dass Gott den Verkündigungsdienst meines Vaters segnete. Im Jahr 2000 ist sie dann gestorben. Keiner von uns konnte bei ihr sein.

16 Die Prüfung fällt aus

An einem lauen Abend im Mai 1999 veränderte sich mein gesamtes Leben. Ich hatte einen schlechten Tag gehabt. Als Einziger war ich durch die Matheprüfung gerauscht, weil Mathe halt nicht meine Stärke ist. Traurig über mein Missgeschick schlich ich mich in der Dämmerung an den Häuserzeilen entlang nach Hause.

Über dem neuen Kaufhaus hatten sie eine Lichtreklame

angebracht, die nun in schrillen Farben blinkte. Am Eingangsportal des Parteigebäudes leuchtete der rote Stern und auf dem Kirchturm der Stadtkirche das rote Kreuz. Weil mein Kopf voll Mathe war, fiel mir das erste Mal auf, dass das Kreuz das große Pluszeichen ist. Jesus, das Pluszeichen für mein Leben, für unser Land, für die ganze Welt. Das war wichtiger als Mathe. Mir wurde irgendwie wieder leichter ums Herz. Am nächsten Tag würde ich die Arbeit wiederholen dürfen, und da wollte ich das große Pluszeichen intensiv darum bitten, dass ich die Prüfung diesmal bestand. Doch dazu kam es nicht.

Als ich daheim die Tür öffne, zieht mich meine Ma schnell in den Raum und verschließt die Tür. Mit einer Entschlossenheit, die ich bei ihr lange nicht erlebt habe, sagt sie: „Isaac, du hast jetzt eine Stunde Zeit, pack deine wichtigsten Sachen in eine Tasche. Wir fahren nach Birma. Wir verlassen China."

„Aber wie? Was soll das? Ich muss doch morgen meine Prüfung nachholen. Heut Abend muss ich lernen und Formeln pauken!"

Meine Mutter, die selbst fieberhaft mit Packen beschäftigt ist, richtet sich auf und nimmt mich mit beiden Händen bei den Schultern: „Isaac, nimm eine Tasche und pack alles ein, was dir wichtig ist und was du in den nächsten Tagen brauchst. In einer Stunde reisen wir ab. Begreif bitte, wir verlassen China!"

China verlassen? Mein Denken setzt aus, ich kann nur noch fühlen. Fühle plötzlich, dass ich Chinese bin. Mein Land mit den wunderbaren Bergen, mit den gewaltigen Strömen, mein Land mit den eckig angelegten Reisfeldern, die erst hellgrün, dann laubgrün, schließlich goldgelb und nach der Ernte braun leuchten. Ich sehe vor mir die schwarzen Flecken in der Landschaft, dort, wo unbrauchbares Reis- und Maisstroh verbrannt wird. Ich sehe die nächtlichen Feuer über diesen Feldern, und ich habe plötzlich Sehnsucht nach unserem Dorf. Noch einmal durch die schlammigen Gassen gehen, in den Brunnen auf dem Zentralplatz schauen, mein Gesicht im Wasserspiegel suchen und den Duft der hölzernen Maisspeicher riechen. Noch einmal an den Fluss gehen – ob sich die Alu-Schüssel von unserem letzten genialen Fischfang wieder eingefunden hat?

Ich sehe unser verwüstetes Haus und die Fotografie meines Großvaters im Schmutz liegen. Ich sehe mich mit Nai nai durch die Dörfer ziehen, und die vielen Christen lächeln mir zu. Sie singen ein Lied, das ich nicht verstehen kann. Welchen Text singen sie nur?

„Beeil dich, träum nicht herum", höre ich meine Mutter mahnen. Ich bin wieder in der Wirklichkeit angekommen. Flucht – das heißt, wir sind in Gefahr, es geht auf geheimen Wegen raus aus meinem China. Mit knapp vierzehn Jahren ist mir klar, dass es eine äußerst gefährliche Aktion ist, das abgeriegelte kommunistische Land zu verlassen. Freiwillig hat dieser Staat noch niemanden hinausgelassen, und wir werden durch die Flucht meines Vaters unter besonderer Beobachtung stehen.

Jetzt steigt Angst in mir auf, und das Heimweh will mich mit Macht in meinem Vaterland halten. Mechanisch nehme ich einige Kleidungsstücke vom Regal, meine Bibel und einige Fotos stecke ich in die Tasche mit den zwei großen Henkeln. Wir haben solche Gepäckstücke gewählt, weil man sie notfalls durch die Schlaufen auf den Rücken nehmen kann, um die Hände frei zu haben. Wie sehr werde ich darüber noch froh sein!

Viele Dinge, die mir als Jugendlichem wertvoll sind, muss ich zurücklassen. Meine neuen Sportschuhe, den erst kürzlich erstandenen Taschenrechner, einen Bildband über die alten und neuen Weltwunder, viele Glaubensbücher und meine Sammlung mit Abzeichen von den verschiedensten Festen und Anlässen.

Nun tut meine Ma etwas, was sicher nicht vernünftig ist – aber auch sie leidet unter dem Abschiedsschmerz. Wir fahren in unsere Gemeinde nach Najang. Heimlich kommen viele Christen zusammen, um uns Lebewohl zu sagen. Zu singen traut sich niemand, aber sie beten inbrünstig über uns und segnen uns. Lui Chan, einer unserer Gemeindeleiter, sagt zu mir: „Wenn du zurückkommst, dann bist du dreißig Jahre, Isaac. Dann hast du eine Frau und Kinder, und die musst du mitbringen, wir möchten deine Kinder sehen."

Dann geht alles ganz schnell. Ein Bruder, der ein Auto besitzt, fährt vor. Im Schutz der Dunkelheit steigen wir ein. Meine Mutter, meine Schwester Yiling und ich setzen uns auf die Rückbank. Wenn Menschen auf der Straße sind, gibt uns der Fahrer ein Zeichen, bevor wir an einer Laterne vorbeikommen, und wir ducken uns hinter die Vordersitze, wobei meine Schwester sich besonders tief an ihrem Mittelplatz nach unten drücken muss. Schwierig ist es, wenn uns ein Auto folgt. Dann müssen wir lange so gebückt aushalten.

Vor der nächsten Stadt passiert es dann. Die Polizei hat eine Straßensperre errichtet, wir müssen anhalten. Als drei

Polizisten mit Maschinenpistolen zu unserem Auto kommen, ist für uns die Parole: „Nicht ducken, sondern unauffällig gucken." Meine Schwester zittert so, dass es auch mich neben ihr schüttelt.

„Habt ihr zwei Männer in Gefängniskleidung beobachtet? Sie sind heute Nachmittag geflohen und müssen hier auf der Straße unterwegs sein."

„Nein, Genosse, wir haben keinen Verdächtigen gesehen", antwortet der Fahrer.

Darauf blickt einer der Polizisten lange durch das geöffnete Fenster in unser Auto. „Was ist denn mit der Kleinen los, die zittert ja am ganzen Leib?"

Meine Ma hat eine göttliche Geistesgegenwart: „Sie friert, weil das Fenster auf ist."

„Na, dann macht es mal wieder zu und fahrt langsam weiter – und haltet nicht an, wenn euch jemand auf der Straße begegnet."

Der Fahrer murmelt für sich: „Liebend gern werden wir den Befehl befolgen" – aber weil die Fenster bereits wieder geschlossen sind, kann der Polizist das nicht mehr hören.

In der Stadt fahren wir über eine schlechte Seitenstraße in eine Gegend, in der die Häuser alle mit einer hohen Mauer umgeben sind. Die Straße ist so schlecht, dass wir im Auto geradezu hin und her geworfen werden. Vor einem riesigen Schotterberg biegen wir rechts ein und landen schließlich auf einem Hof, dessen rote Blechtore sich rasch hinter uns schließen.

Hier steht ein anderes Auto mit einem Nummernschild dieser Stadt. Wieder sind Christen da, obwohl es inzwischen nachts 2.00 Uhr geworden ist. Es gibt nur eine kleine Pause für eine Tasse Tee und um auf Toilette zu gehen. Dann müssen wir das andere Auto besteigen. Wir fahren planlos durch die Stadt. Man hat uns Fahrkarten besorgt, aber der Zug fährt erst am Morgen, und so müssen wir die Zeit fahrend herumbringen. Anscheinend ist es zu gefährlich, die Nacht über in dem Haus der Christen zu bleiben.

Ich merke bald, dass wir eine Art Acht durch die Stadt fahren. Schon mehrfach haben wir das Mao-Denkmal passiert. Plötzlich kommt uns ein Motorrad entgegen, das uns mit Lichthupe ein Zeichen gibt. Unser Fahrer fährt langsam, das Motorrad wendet und kommt uns nach. Als es auf gleicher Höhe ist, stoppt unser Auto ab, der Fahrer spricht kurz mit dem Motorradboten, bedankt sich und fährt seine Achten weiter. „Bruder Chi sagt, dass auf der Straße der großen Revolution eine Polizeisperre ist. Er ist gekommen, um uns zu warnen." Als wir die ersten grauen Streifen am Himmel sehen, fährt unser Wagen in eine andere Richtung. Auf einem kleinen Fabrikhof steht eine Motorrikscha, die uns aufnehmen soll. Für drei Personen ist gerade so Platz, aber nicht mehr für Gepäck. Deshalb müssen wir die Taschen und Beutel auf den Schoß nehmen und haben keine Chance, uns in Kurven festzuhalten – und so ein Rikschafahrer ist ein Meister in Kurventechnik und Abkürzungen …

Mit diesem abenteuerlichen Gefährt geht es dann zum Bahnhof, auf dem bereits ein irres Gedränge herrscht. Hier können wir unbemerkt abgesetzt werden und in der Menge untertauchen. Bevor wir uns vom Rikschafahrer verabschieden, erhalten wir von ihm die Fahrkarten und eine Adresse, die wir uns merken sollen. Meine Mutter und ich studieren die Adresse genau. Ich bin so angespannt, dass ich sie heute noch weiß. Es ist ein Haus auf der Weißhügelstraße in Kunming.

17 Das Netz der christlichen „Agenten“

Den Zug fanden wir bald. Unsere Plätze waren in der Abteilung mit den Hartsitzen. Wir haben in China Weichsitze und Hartsitze. Hartsitze sind meist Holz- oder Plastikbänke, auf denen sich vier bis fünf Fahrgäste zurechtfinden müssen. Für die Weichsitze benötigt man auf den Namen ausgestellte Karten – und die konnten wir verständlicherweise nicht bestellen. Außerdem sind diese Plätze teuer, denn dort kann man sich hinlegen und schlafen. Gern hätte ich das jetzt getan. Meine Schwester hatte schon in der Rikscha geschlafen, trotz der holprigen Kurvenfahrt.

Während ich so in der Ecke saß und wir langsam aus der Stadt herausfuhren, musste ich lächeln. Was wir jetzt erlebten, war wie ein Krimi. Ich hatte so etwas schon einmal gelesen, nur dass da die Polizei einen Schwerverbrecher jagte, der sie immer wieder zu täuschen verstand.

Die Gemeinde der Hauskirchen hat ein wunderbares System, sich gegenseitig zu helfen, wenn jemand in Not geraten ist. Ich glaube, wir würden einen effektiven Geheimdienst abgeben. Allein wäre es für uns unmöglich gewesen, die Strecke zu bewältigen oder gar das Schlupfloch hinüber nach Birma zu finden. Auch das Fahrgeld hätten wir allein nicht aufbringen können.

Die Flucht lief wie ein Uhrwerk ab. Überall, wo wir hinkamen, waren bereits Christen da, die uns unauffällig in Empfang nahmen, uns mit neuem Proviant versorgten und auch schon die Fahrkarten für die nächste Etappe bereithielten. Erst viel später erfuhren wir, dass unsere Flucht vom AVC („Aktion für verfolgte Christen und Notleidende“) und dessen Partner vor Ort ermöglicht wurde. Ohne diese Christen wären wir unmöglich aus China herausgekommen.

Das Land wurde jetzt bergiger. Man konnte kaum noch in die Ferne sehen. Der Zug schlängelte sich durch tief eingeschnittene Täler. Dafür zogen steile Berge an uns vorüber, bewaldet bis auf den Gipfel. Zum Teil waren sie so steil, dass ich mich ans Fenster knien musste, um den Gipfel zu entdecken. Ich überlegte mir, dass dort sicher noch nie ein Mensch hinaufgeklettert war. Zu gern wäre ich ausgestiegen und einfach einmal losgekraxelt, aber vielleicht war ich auch durch die lange Zugfahrt einfach sehr steif geworden und hätte mich gern auf so einem Berg ausgetobt.

Doch dann fiel mir wieder ein, dass ich das nun alles verlassen musste. Birma sollte ja auch ein schönes Land sein, nur würden wir dort nicht bleiben können. Wo würde unsere Flucht enden? Würden wir überhaupt eine neue Heimat finden? In Singapur, in Korea oder in Amerika? Oder würden wir geschnappt und in ein chinesisches Gefängnis kommen? Von meiner Ma getrennt, gequält und gefoltert, weil sie irgendetwas über meinen Vater aus uns herauspressen wollten? Oder würden wir auf der Flucht erschossen? Was wäre, wenn sie meine Mutter und Yiling erschossen und ich allein übrig blieb? Was sollte ich dann machen? Ich wusste nicht einmal, wo ich Christen finden könnte, die mir weiterhelfen würden.

Was sprach man in Birma eigentlich für eine Sprache? Ich konnte nur Chinesisch und einige chinesische Dialekte.

Da stieg eine fürchterliche Angst in mir hoch. Sie kam wie eine bleierne Masse auf mich zu, und mir wurde richtig schlecht vor Angst. Ich betete, aber es nützte nichts. Mein Atem ging so schnell, als wäre ich tausend Meter gelaufen. Schweiß trat mir aus allen Poren. Hastig musste ich auf die schmutzige Toilette rennen und mich erbrechen. Mir war sterbenselend und ich dachte schon, es wäre das Beste, wenn ich gleich erschossen würde. Sollte ich aus dem Zug springen? Sollte ich dem Schaffner sagen, was wir vorhatten, und dann wäre alles vorbei?

Als ich zurückkam, wusste meine Ma, wie es mir ging. Ich sah es ihr an. Ein tiefer Schmerz war in ihren Augen, aber sie konnte mich nicht trösten. Wir konnten nicht miteinander über meine Angst reden. Zu viele Leute drängten sich in unserem Abteil.

Wie sehr sehnte ich mich danach, dass sie mir ein Mut machendes Wort sagte oder mit mir flüsternd betete – aber das konnten wir nicht wagen.

Ich setzte mich neben sie, und sie legte mir die Hand auf den Kopf. Jetzt wusste ich, dass sie still segnend über mir betete. Da konnte ich meine Tränen nicht mehr zurückhalten, obwohl ich mich sehr vor den anderen Fahrgästen schämte. Ein chinesischer Junge mit fast vierzehn Jahren heulte doch nicht mehr!

Die anderen im Abteil schauten auch ganz verwundert drein, sie waren überhaupt erstaunt, dass wir so wortlos unterwegs waren. Aber meine Mutter besaß wieder Geistesgegenwart und tröstete mich halblaut mit den Worten: „Mein Junge, sei nicht traurig, dein Großvater ist jetzt bei den Ahnen, und wir werden ihm das Opfer bringen, wenn er beerdigt ist.“

Meine Schwester blickte ganz verwirrt zu uns herüber, was das für Worte aus Mas Mund waren, aber ich verstand das geniale Ausweichmanöver und hätte beinahe schon wieder lächeln können.

Eine ältere Frau, die uns schon lange intensiv beobachtet hatte, fragte jetzt: „Sie kommen aber nicht aus der Provinz Yunnan. Sie sprechen einen anderen Dialekt. Sie sprechen ja wie die Han-Chinesen aus Zentralchina."

„Jaja, wir kommen aus der Provinz Henan, wir haben eine familiäre Angelegenheit bei Kunming zu klären", antwortete meine Ma, um möglichst wenig zu lügen.

Engel im Zug

Die Nacht brach herein, und ich legte mich auf den Gang, weil ich einfach nicht mehr sitzen konnte. Hart schlugen die Räder auf die Schienenstöße. Der Stahlboden des Waggons übertrug das rhythmische Pochen direkt auf meinen Kopf. Es stank unappetitlich auf dem Boden, aber ich konnte wenigstens liegen und die Beine ausstrecken. Meine Ma hatte meine Schwester auf den Schoß genommen, aber sie selbst schlief nicht. Ich hatte sie auf der ganzen Reise noch nicht schlafen sehen – aber vielleicht gönnte sie sich erst dann etwas Ruhe, wenn ihre Kinder eingeschlafen waren.

Ich werde geweckt, als mich ein paar Füße im Gang zur Seite schieben. Es will aber niemand aufs Klo, sondern es sind Beamte in Uniform. Sie wollen die Papiere der Reisenden kontrollieren. Obwohl meine Ma uns nicht alles erzählt hat, weiß ich, dass wir keine offiziellen Papiere besitzen. In China hat nicht jeder Mensch Papiere bei sich. Wer allerdings ins Ausland will, muss einen Pass besitzen.

Den haben wir nicht und von daher sind wir erst einmal unverdächtig.

Aber die Polizisten fragen nach und wollen genau wissen, woher wir kommen und wohin wir fahren. Weil meine Ma nicht gleich klar antwortet, bedrohen sie die Polizisten, dass sie am nächsten Bahnhof aus dem Zug geworfen wird und dass auf der Polizeistation unsere Herkunft genau ermittelt werden wird.

Da schaltet sich die ältere Frau ein und erklärt den Polizisten wortreich, dass meine Mutter doch eine einfache Frau sei und dass sie aus armen Verhältnissen komme. Sie sei eine ehrliche Bauersfrau und wolle nur ihren Vater in Kunming begraben und dann wieder zurückfahren. Die Kinder seien so traurig über den Tod des Großvaters, dass sie schon genug seelische Belastungen zu verkraften hätten. Die Polizei solle sich doch als Polizei des einfachen Volkes zeigen, wie es zu Maos frühen Zeiten gewesen sei, und sie sollten ehrliche Bauern, die das Land ernährten, nicht drangsalieren. „Versetzt euch doch mal in die Lage, wenn euer Vater stirbt. Da habt ihr auch nur Nebel im Kopf und seid froh, wenn euch die Leute in Ruhe lassen. Und jetzt raus hier und macht woanders weiter!"

Die Beamten sind sichtlich beeindruckt und steigen tatsächlich weiter über Koffer, Pakete und Menschen, die den Gang verstopfen. So können also Engel aussehen, denke ich – und meine damit nicht die Polizisten. Meine Ma nickt der Frau gegenüber zu, und die zwinkert mit einem Auge, während ihr Mund ein Lächeln andeutet.

18 Im chinesischen Volkswagen zwischen Büffelkarren und Ziegen

Am nächsten Tag kamen wir früh in Kunming an. Hier begleitete uns sogar ein Bruder aus einer Hauskirche durch die Stadt. Die Weißhügelstraße lag nicht im Zentrum. Wir mussten mit einem Taxi eine halbe Stunde aus der Zweimillionenstadt hinausfahren. Ich sah hier, dass die Straße ihren Namen zu Recht hatte. Die Häuser waren an den Hang gebaut, und dieser bestand aus Kalkstein, der zwischen Grasnarben, Gärten und Obstbäumen hell durchschimmerte.

Hier wohnte eine ausländische Missionarin, die allerdings als Lehrerin arbeitete und nur heimlich als Missionarin wirken konnte. Sie schätzte unsere Flucht als sehr gefährlich ein. Ihre Angst war so groß, dass sie uns noch vor Sonnenuntergang wieder aus ihrem Haus bat. Mir wurde wieder bewusst, dass wir doch eine sehr riskante Reise auf uns genommen hatten. Trotzdem war bisher alles gut gegangen.

Aber der schwierigste Teil unserer Flucht würde die Überwindung der Grenze zwischen China und Birma sein. Was würde uns da noch alles erwarten? Würden wir gefasst werden? Ging es für uns ins Gefängnis, in Folter und Schmerzen oder in die Freiheit? Würden wir unseren Vater wiedersehen, und würde ich jemals wieder zurück in mein Land kommen? Ich glaubte, Kunming liege gleich an der Grenze. Dass wir von dort noch einmal etwa sechshundert Kilometer überwinden mussten, war für mich die Überraschung des Tages.

Da es von hier keine Züge in Richtung Birma gab, mussten wir am nächsten Morgen ein Taxi nehmen. Einen Tag lang würden wir mit dem Fahrer zusammen sein. Würde er etwas merken?

Es ging durch eine wunderbare Bergwelt. Irgendwo hier bei Kunming sollte ja auch der berühmte „Steinerne Wald" sein. Wir hatten in der Schule davon gehört und Bilder gesehen. Es musste ein riesiges Areal mit Steinformationen aus Kalkstein sein, die ganz kuriose Formen hatten. Jeder Fels hatte einen traditionellen Namen, aber noch romantischer sollten die Durchbrüche, die Gänge und Höhlen sein, die man dort besuchen konnte. Wasserschlösser aus Türmen und Treppen, Grotten voller Fabeltiere und Felsen, die Menschen bei der Arbeit zeigten – alle von der Natur durch Ausspülungen und Erdverschiebungen entstanden. Der Steinerne Wald war ein Besuchermagnet für Touristen aus aller Welt.

Doch so sehr ich mich auch anstrengte, ich konnte nichts davon entdecken. Monoton schnurrte der Motor des chinesischen Volkswagens. Der Fahrer lenkte den Wagen geschickt durch die vielen Kurven der Bergstraße. Zu beiden Seiten waren jetzt Berge zu sehen, so hoch, wie ich noch nie welche zu Gesicht bekommen hatte. Einige waren zwischen dreitausend und viertausend Meter hoch. Der Taxifahrer wusste sogar viele ihrer Namen. Weil ich Interesse zeigte, erzählte er uns viel von der Natur und den Menschen in der Abgeschiedenheit der Berge. Hier wohnten viele Minderheiten – kleine Völker, die in die chinesische Gesellschaft eingegliedert waren. Aber sie durften ihre eigene Sprache und ihre Eigenheiten weiter pflegen. Natürlich mussten sie sich an die staatlichen Gesetze halten, und die Kinder lernten in der Schule neben ihrem Dialekt auch das Mandarin-Chinesisch. Aber zu ihren Sonderrechten gehörte, dass sie von der Ein-Kind-Politik des Staates nicht betroffen waren, also mehr als nur ein Kind haben durften. Der Fahrer sagte auch, dass sie wunderbare und farbenprächtige Kleidung hätten, aber die würde man am normalen Arbeitstag nicht tragen.

Wir sahen Dörfer, die waren noch ärmlicher als unsere Hütten in Liu Lao Zhuang. Viele bestanden nur aus Lehm und waren durch Regen und Unwetter schief und halb eingefallen. Als wir wieder einmal ein solches ärmliches Dorf durchfuhren, wurden wir gestoppt. Ein Trauerzug war auf der Straße unterwegs zum Dorfrand. Die Menschen hatten zum Teil ihre prächtigen Trachten an, aber alle hatten eine weiße Mütze oder einen weißen Hut auf. Weiß ist die Farbe der Trauer. Den Leichnam hatte man in ein Tuch eingewickelt, er lag auf einem zweirädrigen Karren. Voraus trugen sie einfache Blumengebinde und eine große bunte Rosette aus farbigem Papier und Blumen. Dazu ertönte aus den Dorflautsprechern typisch chinesische Trauermusik.

Uns begegneten kaum noch Autos. Auf der Straße, die auch immer schlechter wurde, waren Büffelkarren und Ziegengespanne unterwegs. Viele Menschen trugen ihre Lasten mit einer Stange quer über den Schultern. Man konnte gut beobachten, dass die Stange sich bei jedem Schritt wippend nach unten bog, weil die Last an beiden Seiten ziemlich groß war.

Ein Bauer trieb seine Ziegen vor sich her, beinahe wäre uns eine ins Auto gelaufen. Geistesgegenwärtig bremste unser Fahrer und wir flogen fast auf die Vordersitze. Der Bauer drohte ihm trotzdem und warf mit Dreck nach dem Auto.

Das sei normal, sagte der Fahrer zu uns, weil die Menschen hier die Autos nicht mochten. Vielleicht waren sie auch neidisch auf die schnellen Wagen, weil sie ja tagaus, tagein nur mit einer Karre unterwegs sein mussten.

Was uns häufiger begegnete, waren Militärfahrzeuge. Qualmende und stinkende Lastwagen mit Soldaten oder mit unter Planen gelagerten Waffen beladen. Wir zuckten immer zusammen, wenn hinter einer Kurve wieder so ein monströser Lkw die ganze Straße einnahm. Oft musste unser Fahrer so weit an den Rand ausweichen, dass er lieber stehend den Lkw vorbeirumpeln ließ.

Einmal saßen wir dadurch mit dem Bodenblech auf und es ging nicht weiter, weil die Räder durchdrehten. Der Fahrer hatte natürlich Angst um sein wertvolles Fahrzeug, aber mithilfe eines Ochsenkarrens wurden wir wieder auf die Fahrbahn geschleppt.

Unser Ziel war die Grenzstadt Yingliang. Unterwegs gab es drei oder vier Kontrollpunkte. Es war immer sehr aufregend, aber wir hatten eine Adresse von einem Hotel in Yingliang und auch eine Bestätigung, dass wir dort ein Zimmer gebucht hatten. Dies war wieder so eine Leistung des „Geheimdienstes" der Hausgemeinden. Ohne diesen Bescheid wären wir sehr verdächtig gewesen, man hätte uns zurückgeschickt oder gar verhaftet. Was machte eine Frau mit zwei Kindern und viel Gepäck in der Grenzregion?

Trotzdem gab es immer wieder Fragen und unverständliche Verzögerungen bei der Weiterfahrt. Schließlich war es dann unser Fahrer, der Druck machte und die Weiterfahrt mit derben Worten erzwang. Für solche Fälle hatten wir auch etwas Geld, aber damit sollten wir sparsam umgehen, denn wer eine hohe Bestechungssumme zahlt, hat meist etwas Verbotenes vor. Daher fragte meine Mutter nur einmal, als es gar nicht weitergehen sollte, was die Polizisten denn brauchten. „Ein Kilo Fleisch und eine Flasche Schnaps." Wir hatten natürlich beides nicht dabei, aber der Preis von etwa 150 Yuan öffnete den Schlagbaum. Mir tat es um das Geld sehr leid, denn damit hätten wir viele viel bessere Lebensmittel einkaufen können.

19 Wir verlassen China

In Yingliang war es ein Pastor, der uns begleitete. Er sagte zwar auch, dass unser Vorhaben sehr gefährlich sei und die Grenze nach Birma nicht nur gut bewacht sondern auch gefährlich zu überwinden sei. Doch nach der langen Anreise und der Hoffnung, die wir in uns trugen, war für uns klar, dass wir die Flucht so bald wie möglich versuchen wollten.

Es war am 10. Mai 1999 um die Mittagszeit. Informierte Gemeindemitglieder wussten, dass die Soldaten um diese Zeit Mittagsschlaf hielten, denn nur Wache schieben und auf einen trägen Fluss starren, das war sehr langweilig.

Der Pastor fuhr uns bis zum Fluss, wo er ein Boot organisiert hatte. Hier musste er uns allein lassen. Meine Mutter griff zu den Rudern, und wir, meine Schwester und ich, hatten uns auf den Boden des Bootes zu legen. Eine Frau allein in einem Boot war noch nicht so verdächtig – sie konnte eine Bauersfrau sein, eine Kräutersammlerin oder eine Hirtin, die nach ihren Tieren sehen wollte.

Wir kamen unbeschadet und unbemerkt am anderen Ufer an und stiegen aus. Jetzt mussten wir das Boot zurück ins Wasser stoßen, damit der Fluss es weitertrug und unsere Spur verwischt wurde.

Dieser Fluss war aber noch nicht der Grenzfluss, wir waren immer noch auf chinesischem Gebiet. Der eigentliche Grenzfluss versteckte sich einige Hundert Meter weiter in einem tiefer eingeschnittenen Flussbett.

Durch Dickicht und Schilf arbeiteten wir uns zu diesem Fluss vor. Das letzte Stück zum Wasser wurde zu einer Rutschpartie den ausgewaschenen Hang hinunter. Mit äußerster Vorsicht stieg meine Mutter dann ins Wasser und spähte das Flussufer ab, konnte aber nichts für uns Gefährliches entdecken. Anscheinend waren keine Soldaten hier am zweiten Fluss stationiert. Oder sie lagen auch im Schilf und dösten vor sich hin.

Da nimmt meine Mutter uns an der Hand. Die Taschen haben wir alle auf dem Rücken. Das ist sicherer, auch wenn die Henkel schmerzhaft in unsere Achseln einschneiden.

Die ersten Schritte heraus aus dem Uferschilf sind furchtbar: Plötzlich kann man uns von allen Seiten sehen. Ich denke noch, wir hätten eigentlich hier im Schilf bleiben sollen, bis es Nacht wird, und zögere – zu reden wagen wir sowieso nicht.

Doch meine Ma zieht mich energisch vorwärts. Das Wasser wird tiefer und tiefer. Der Untergrund ist verhältnismäßig eben, einige Steine können wir mit den Füßen ertasten. Nur einmal stoße ich mich schmerzhaft mit dem Schienbein an einem großen Stein, den ich durch das trübe Wasser nicht gesehen habe. Fast wäre ich dabei umgekippt und mit meiner schweren Tasche auf dem Rücken unter Wasser gegangen. Doch meine Ma reißt mich hoch und zieht mich unaufhaltsam vorwärts. Mir geht das Wasser schon bis zur Brust und meiner Schwester fast bis zum Hals.

Meine Ma nimmt sie jetzt auf die Hüfte und strebt dem anderen Ufer zu. Sie scheint nur noch aus dem einen Gedanken zu bestehen: vorwärts, rüber und ins rettende Dickicht.

Langsam wird das Wasser wieder flacher und die Strömung lässt nach. Wenige Meter noch und wir sind in Sicherheit.

Da hören wir hinter uns Männer rufen – chinesische Stimmen. Meine Ma betet laut um Bewahrung und dass uns das Blut Jesu schützen möge.

Wieder ruft jemand etwas ziemlich laut, aber es fallen keine Schüsse.

Keiner von uns wagt sich umzudrehen.

Als wir das Ufer erreichen und ins Dickicht rennen, tropft uns zwar das Wasser überall vom Leib und auch unsere Taschen haben ordentlich Wasser geschöpft, aber wir sind in Sicherheit. Ob die Rufe der chinesischen Männer uns galten, ob es Soldaten oder Bauern auf dem Feld waren – wir wissen es nicht, und es ist auch nicht mehr wichtig.

Wir kämpfen uns noch einige Meter weiter durch das Gestrüpp und Geäst, das sich vom letzten Hochwasser in den Büschen verfangen hat, bis wir an die Uferböschung kommen. Hier hocken wir uns erst einmal in eine Kuhle und danken unserem Gott.

Meine Ma weint und drückt und küsst uns abwechselnd immer wieder. Eine wahnsinnige Spannung muss von ihr abgefallen sein, man kann es spüren.

Was ich spüre? Ich habe Hunger, mein Schienbein schmerzt und ich will eine trockene Hose anziehen. Irgendwie ist auch für mich die Spannung vorbei, und ich will wieder als normaler Mensch leben.

Doch als wir unsere Taschen öffnen, ist da nicht mehr viel Trockenes zu entdecken. Zu essen gibt es auch nichts. Mir scheint, dass unsere Flucht noch nicht das positive Ende gefunden hat.

20 In Birma

Der Pastor hatte uns gesagt, dass wir einfach geradeaus gehen sollten. „Irgendwann kommt eine Straße und die geht nach links. Nach etwa einer Stunde kommt ein Dorf. Da haltet euch an die kleine Kirche, sie ist gut zu erkennen. Die Geschwister dort sind informiert und werden euch weiterleiten."

Doch der Weg zur Straße zeigte sich als besonderes Überlebenstraining. Schon die Böschung nach oben zu kommen, war eine Herausforderung. Der Fluss hatte den Boden ausgeschwemmt, und das Ufer hing teilweise richtig über, sodass man in diesen Kuhlen einen Platzregen überstehen und die Nacht verbringen konnte. Doch Regen gab es Gott sei Dank nicht, und die Nacht wollten wir auf keinen Fall hier verbringen. Also versuchten wir an mehreren Stellen, nach oben zu kommen. Aber das war leicht gesagt. Immer wieder rutschten wir zurück, bis es uns schließlich doch an einer Stelle gelang. Inzwischen waren wir nicht nur nass, sondern durch den losen Sand und Dreck auch richtig schmutzig, ja verklebt und verkrustet.

Wie ging man in einem Wald geradeaus, wenn das Gestrüpp verfilzt und undurchdringlich war? Alte Bäume waren umgestürzt und machten jeden Schritt geradeaus unmöglich. Doch meine Mutter sang laut und kämpfte uns den Weg frei wie eine Indianerin. Ihr war die Erleichterung anzusehen und anzuhören.

Meine Schwester hatte Mühe, sich in diesem Gelände auf den Beinen zu halten, und ich hatte Hunger, einfach nur Hunger. Es war nicht ganz fair, dass ich meiner Mutter Vorwürfe machte, uns nichts zu essen eingepackt zu haben. Da sah ich, dass sie den Kurs Richtung Straße verließ und sich zu einem Baum durchkämpfte, wie ich noch nie einen gesehen hatte. Breite, meterlange Blätter hingen an ihm herunter, die alle aus der Krone des vielleicht nur drei Meter hohen Baumes herauswuchsen. An einer Seite hing eine dicke Traube mit Früchten, die unten in einer rötlichbraunen Blüte endete. Meine Mutter wollte an die Früchte, die aber zu hoch hingen. Sie rief uns zu sich. Ich nahm meine Schwester auf die Schultern, und so konnte Yiling die Bananen erreichen. Einige konnte sie abbrechen. Sie waren zwar noch grün, aber mir schmeckten sie besser als alle Bananen, die ich bis dahin gegessen hatte.

Dann ging es zurück zum eingeschlagenen Pfad, den wir uns selbst geschaffen hatten. Vielleicht noch zwei Stunden kämpften wir uns durch die Wildnis, bis sich endlich das Dickicht lichtete und wir eine unbefestigte Straße entdeckten. Das Kleid meiner Mutter hing nur noch in Fetzen an ihr, und auch meine Hose hatte Risse und Löcher bekommen.

Das Gehen auf dieser Straße war wie eine Erlösung für

uns. Endlich einen Fuß vor den anderen setzen und sich nicht mehr mit Händen und ganzem Körpereinsatz vorwärtskämpfen müssen. Jetzt stimmten wir auch mit in die Dankesgesänge meiner Mutter ein und sangen Evangeliumslieder, zu denen man gut marschieren konnte. Beim Gehen trocknete unsere Kleidung auch mehr und mehr, bis uns ein Regenschauer überraschte. Wir versuchten uns unter einem größeren Laubbaum unterzustellen, aber es schüttete so enorm, dass es davor keinen Schutz gab.

Meine Ma behielt ihren wiedergefundenen Humor und meinte: „Jetzt sind wir in Gottes großer Waschmaschine, da werden der Sand und der Schlamm abgewaschen. Wir kommen ja nun bald wieder in die Zivilisation, schließlich muss man dort sauber sein."

Es war nicht kalt, obwohl langsam der Abend heraufzog. Wir hatten schon gemerkt, dass hier im Süden die Dunkelheit viel schneller hereinbrach als bei uns zu Hause. Aber nach der Beschreibung des Pastors von Yingliang konnte es nicht mehr weit sein.

So plötzlich, wie der Regen gekommen war, hörte er auch wieder auf. Wir marschierten weiter auf der nassen und aufgeweichten Straße und hatten bald wieder das Gefühl, dass die Kleidung langsam trocknete.

Ich merkte, dass meine Mutter gar nicht so gern bei Tageslicht ins Dorf kommen wollte, denn unser Anblick war trotz Regenwäsche schon recht ärmlich, oder eher erbärmlich. Die Dunkelheit kam tatsächlich, ehe wir das Dorf erreichten. Innerhalb von zehn Minuten war es finster geworden. Doch durch die dunklen Bäume zu beiden Seiten konnte man die hellere Straße auch jetzt noch gut erkennen.

Da kam uns plötzlich ein Auto entgegen. Mit vollem Licht fuhr es auf uns zu und hielt neben uns an. Ängstlich hielten wir uns an den Händen. Was hatte das zu bedeuten?

Als sich die Tür öffnete, sprach uns ein Mann in gutem Chinesisch an und fragte, ob wir die Familie von Bruder Yun seien.

Wir waren etwas verstört, denn dadurch, dass wir schon lange immer wieder andere Namen trugen, hatten wir fast verdrängt, dass wir Familie Liu waren. „Ja, wir sind über die Grenze gekommen und suchen Christen im nächsten Dorf", antwortete meine Mutter.

„Da seid ihr genau richtig. Wir haben euch schon erwartet und waren in Sorge, ob ihr uns vielleicht verpasst habt." Die Stimme des Mannes war so warm und freundlich, dass wir wussten, jetzt waren wir tatsächlich in guten Händen. Wir stiegen in sein Auto und er wendete den Wagen. Es war nicht mehr weit bis ins Dorf.

Ich hatte immer gedacht, Birma müsse ein reiches Land sein, weil es ja kein kommunistisches Land war. Aber das Dorf war mindestens so ärmlich wie die Dörfer bei uns zu Hause in Henan. Die Hütten waren nur mit Stroh gedeckt, Farbe fehlte überall. Auch die Kirche, in der wir jetzt übernachten durften, war sehr einfach. Die Bänke waren so schmal, dass ich mich lieber gleich auf den Boden legte. Ehe wir uns aber zum Schlafen fertig machten, kamen einige von der Gemeinde und begrüßten uns.

Eine Frau brachte eine große Schüssel mit warmem Wasser, ein Mann ein gebratenes Huhn. Früchte gab es so viele und so viel verschiedene, wie ich das überhaupt noch nie gesehen hatte. Aber ehe wir uns wuschen und zu essen anfingen, wollte meine Ma mit der ganzen Gemeinde Gott loben. Wir sangen Lieder, lasen einige Psalmen und beteten – auch für alle verfolgten und gefangenen Christen in China und in aller Welt.

In China hatten wir nie dafür gebetet, dass die Verfolgung aufhörte, sondern immer nur darum, dass uns Gott Kraft gab, die Verfolgung und das Leiden zu tragen. Jetzt sahen wir das mit anderen Augen. Wir waren der Verfolgung entkommen und da wollten wir, dass auch unsere Brüder und Schwestern von diesem Leiden erlöst wurden. Ein Bruder aus der Gemeinde sagte uns, dass mein Vater in Deutschland angekommen und nun in Sicherheit war. Meine Schwester wollte wissen, ob man nach Deutschland gehen konnte. Sie wollte unseren Vater gern sehen und mit ihm zusammen sein.

Meine Ma streichelte ihr über den Kopf und erklärte ihr: „Deutschland, das ist so weit, da können wir nicht hin. Die Reise kann uns niemand bezahlen. Aber vielleicht kommt euer Vater zurück und wir können ihn bald treffen." Dass dies noch einmal zwei Jahre dauern würde, hätte sie wohl selbst nicht für möglich gehalten.

Wieder eine neue Schule

Von diesem Dorf mit den freundlichen Menschen ging es für uns in den Norden des Landes. Dort wurden wir von einer chinesischen Baptistenschule aufgenommen. Auf dem Schulgelände waren wir verhältnismäßig sicher. Denn es geschah immer wieder, dass die birmanische Polizei Chinesen aufgriff, die keine Papiere hatten, und sie dann nach China zurücktransportierte. Das wäre das Furchtbarste gewesen, was uns jetzt passieren konnte.

Deshalb wollte unsere Mutter uns zuerst nicht gern ins Dorf und auf die allgemeine Schule lassen. In der baptistischen Bibelschule lernten etwa siebzig bis hundert Schüler aus allen Teilen Birmas, aber auch aus dem Ausland. Etliche Schüler waren Flüchtlinge aus China oder Kinder von ehemaligen Flüchtlingen. Einige wollten sich ausbilden lassen, um anschließend wieder illegal nach China einzureisen. Ihr geheimes Ziel war, dort als Missionare in den Hausgemeinden zu wirken. Die meisten aber wollten in freien Ländern unter Chinesen arbeiten und ihnen die frohe Botschaft von Jesus sagen.

In anderen asiatischen Ländern leben viele Millionen Chinesen, die oft die Sprache ihres Gastlandes nur schlecht sprechen und so keinen Zugang zu christlichen Gemeinden finden. Daher gibt es einen großen Bedarf an christlichen Lehrern in diesen Ländern, auch in Birma.

Im selben Ort wie die Bibelschule gab es auch eine normale birmanische Schule. Hier lernten viele Chinesen. Die Kinder der Lehrer und Missionare sollten ja auch eine gute Ausbildung bekommen. Auf dieser Schule war ich ziemlich gut, und ich verriet niemandem, dass ich meine Matheprüfung damals nachholen sollte. Ich merkte, dass wir in China doch eine gute Ausbildung bekommen hatten. Hier war ich sogar in Mathe gut. Am Anfang war es trotzdem nicht leicht, in diese neue Klasse hineinzukommen. Ich verstand ja nicht ein Wort von dieser Sprache, die so völlig anders war als Chinesisch.

Die gemeinsten unter den Schülern nannten mich „der aus dem Dreck kam“. Einige waren zwar auch Nachkommen von Flüchtlingen, aber seit einigen Jahren hatte es hier niemand mehr über die Grenze geschafft. Eigentlich war es zu dieser Zeit überhaupt unmöglich, das kommunistische China zu verlassen, und so glaubten mir auch nicht alle meine Flucht. Ich war ihnen sogar verdächtig, weil ich bis zu unserer Flucht im Land der Kommunisten gelebt hatte. So versuchte ich, mich als ehrlicher Christ und guter Kamerad zu zeigen.

In meinem Glauben war ich viel weiter als die Jungen in meiner Klasse. Viele ihrer Eltern waren zwar mit der Baptistenschule in Kontakt, aber sie hatten wegen ihres Glaubens niemals Schwierigkeiten und Anfeindungen erlebt. Weil mir der Glaube sehr wichtig war und ich mich auch viel damit beschäftigte, hatte ich bald meinen bekannten Spitznamen wieder: „der kleine Jesus". Aber das war für mich jetzt eher ein positiver Name, als dass ich mich darüber geärgert hätte. Hier gab es eine gute baptistische Gemeinde, in der ich bald auch aktiv mitarbeitete. Endlich ohne Furcht zum Gottesdienst zu gehen und mit allen Menschen offen über Jesus zu reden, das hat mich fasziniert.

21 Mein Freund Ming

In der Schule saß Shi Ming neben mir. Er war ein Jahr älter, weil in unserer Klasse Jungen zwischen vierzehn und sechzehn Jahren zusammengefasst waren. Seine Eltern wohnten schon seit langer Zeit hier, weil sein Vater einen guten

Job bei einer Firma hatte, die in der Nähe nach Öl bohrte. Aber der Vater hatte seine Familie verlassen, und die Mutter musste jetzt mit fünf Kindern allein zurechtkommen. Ming war der Älteste und war verantwortlich für alle schweren Arbeiten daheim. Ich half ihm manchmal. Wenn die jüngeren Geschwister dann darüber staunten, wie wir das Dach reparierten oder eine Baumwurzel ausgruben, dann war ich richtig stolz. Bisher hatte ich ja kaum einmal körperlich gearbeitet, und so fand ich das richtig stark, einmal mit meinen Händen etwas Sinnvolles zu tun.

Ming war kein Christ, sondern wie seine ganze Familie Buddhist. In den Tempel ging er nicht oft, aber manchmal bestand seine Mutter darauf, dass er mitkam und einige Räucherstäbchen entzündete.

Ich ging auch einmal mit und staunte, wie mechanisch und unpersönlich so eine Zeremonie ablief. Die Familie kaufte vor dem Tempel die Räucherstäbchen. Frau Shi tauschte noch einiges Papiergeld ein, was sie dann den Ahnen opferte. Sie verbrannte das Geld in einem Räucherbecken und murmelte dabei einige buddhistische Verse. Ming und seine Geschwister zündeten die Räucherstäbchen an und verneigten sich vor den goldglänzenden Buddhas. Sie warteten nicht, bis die Stäbchen verbrannt waren, sondern steckten sie in ein vorbereitetes Sandbecken zu unzählig vielen anderen.

Dass sich Ming dabei nichts dachte, war mir klar, trotzdem fragte ich ihn danach.

Aber er hatte keine Meinung zu den religiösen Dingen. „Ich mache nur mit, weil meine Mutter es so will und weil unsere Familie das seit Generationen praktiziert."

Von meinem christlichen Glauben wollte Ming auch

nichts wissen. Wenn ich ihm etwas von Jesus sagen wollte, blockte er immer ab: „Lass mich mit deinem Jesus in Ruhe. Ich glaube nur an das, was ich sehe, und an schöne Frauen." Da hatte er tatsächlich seine Schwächen. Viele Mädchen in der Umgebung waren schon seine Freundinnen gewesen, aber keine hielt es lange mit ihm aus. Vielleicht waren seine Absichten auch nie wirklich ernst, und er gab nur mit seinen Mädchengeschichten an.

Eines Tages war ich wieder bei ihm, und er nahm mich mit in sein Zimmer. Er schlief allein auf dem Dachboden, das heißt in einem Raum, der keinen Giebel hatte, sondern es war wie ein Balkon mit einem spitzen Dach. Er sagte, er wolle mir mal etwas zeigen, was mich als Mann sicher interessierte. Ming griff unter seine Matte und holte einige Zeitschriften hervor.

Ich war erschrocken, angeekelt und zugleich magisch angezogen. Es waren ausländische pornografische Zeitschriften, die er bei seinem Vater im zurückgelassenen Arbeitsmaterial gefunden hatte. So etwas hatte ich bisher noch nie gesehen. Ich hätte nie gedacht, dass man so etwas fotografieren konnte.

Diese Bilder ließen mich nicht wieder los. Die halbe Nacht sah ich diese Szenen vor mir, und ich wusste: Das war Sünde. Erst als ich Jesus um Reinheit und um klare Gedanken gebeten hatte, kam ich langsam zur Ruhe. Ich dachte bewusst an meine Heimat und ließ diese Bilder vor meinem inneren Auge vorbeigehen: die Biegung am Fluss, die weiten Maisfelder, die Wege zwischen den Reisfeldern und die Häuser, in denen wir uns als Gemeinde getroffen hatten. Die Wege, die ich mit meiner Großmutter gegangen war, und die Straßen, die ich mit meinem neuen Fahrrad durchzogen hatte. Ach ja, mein Fahrrad – mit diesem Seufzer musste ich dann doch eingeschlafen sein.

Am nächsten Tag sagte ich Ming, dass ich seine Zeitschriften sehr schlimm fände. Mir war es egal, was er jetzt von mir dachte. Aber ich erzählte ihm auch, dass ich in der Nacht Buße getan und danach wieder inneren Frieden gefunden hatte.

Jetzt war er nicht ablehnend, sondern fragte erstaunt zurück: „Geht das einfach so, dass man etwas bereut und alles ist wieder gut?"

Ich antwortete: „Nein, es geht nicht von uns aus, sondern wenn Jesus uns die Sünde vergibt, dann erst ist sie weg. Erst dann können wir wieder frei atmen und frei leben."

„Wenn das wirklich so ist, dann brauche ich deinen Jesus für viele Dinge in meinem Leben." Wir stiegen miteinander auf einen Hügel, der das Dorf nach Norden abschloss. Hier erzählte ich Ming von Jesus. Zum ersten Mal hörte er mir wirklich zu und stellte Fragen, wenn ich zu schnell von Dingen redete, die ihm total fremd waren.

Ich sprach von Jesu Sterben am Kreuz und dass er das für uns getan hatte. Ich empfand eine ganz neue Liebe zu Jesus, der das grausame Leiden auf sich genommen hatte, nur um uns Menschen zu erlösen. Für mich hatte er das getan und für Ming.

An Mings Zuhören konnte ich ablesen: Es bewegte ihn sehr, dass Jesus ihn wirklich liebte. Und dann sprach ich davon, dass dieses Sterben Jesu im Grunde für unsere Sünden geschehen war. Wir wurden nicht mehr für unsere Fehler bestraft, weil die Strafe bereits abgearbeitet war – mit viel Arbeit an Leid, Schmerzen, Blut und Tränen. „Wenn du Jesus jetzt sagst, dass dir alle deine Sünden leidtun und du sie gern an ihn abgibst, dann wird er dich erhören, und dann wirst du davon frei. So, als wenn du ein altes schmutziges Hemd ausziehst – und er wird dir ein neues weißes Festtagshemd geben."

„Ja, Isaac, das will ich", sagte Ming langsam, betont und sicher.

„Ming, wir beten jetzt zusammen, und du sagst Jesus in der Stille alles, was du falsch gemacht hast, alles, wo du Menschen geschadet und Gott beleidigt hast." Ich wusste, dass es immer ehrlicher war, wenn wir unsere Sünden laut vor Gott brachten, aber ich hatte Angst, dass da wieder Sünden im Leben von Ming zur Sprache kamen, die mich durcheinanderbringen würden. Ich vermutete ja, dass er auch mit Mädchen Dinge getrieben hatte, die ich gar nicht wissen wollte.

Also fing ich an zu beten: „Jesus, du Herr der ganzen Welt, du hast für unsere Sünde am Kreuz geblutet. Du bist in den Tod gegangen, damit wir nicht in den ewigen Tod müssen. Danke, dass du stärker bist als der Satan und alle unsere Schuld. Du hast das alles getan, weil du uns lieb hast, mehr, als uns je ein Mensch lieb haben kann. Du liebst auch Ming und bist auch für ihn gestorben. Höre jetzt, wenn er dich um Vergebung bittet."

Dann stieß ich Ming an, damit er selbst betete. „Jesus, ich kenne dich nicht, aber Isaac kennt dich und der lügt nicht. Dich gibt es wirklich und ich glaube, dass du auch mich liebst. Aber ich bin ein schlechter Mensch. So viele Sünden habe ich getan, die du nicht willst. Ich hab genau gewusst, dass das alles falsch war, aber du bist der einzige Gott, der mir das alles wegnehmen kann."

„So, Ming, jetzt sage Jesus alles, was du von ihm vergeben haben willst", forderte ich ihn auf.

„Meinst du wirklich, dass ich alles sagen muss? Ich schäme mich ja so vor Gott."

„Ja, er weiß es ja bereits alles, er möchte nur, dass du dich davon trennst, und deshalb musst du es noch einmal in die Hand nehmen und von dir werfen."

„Gut, ich sag's, aber leise."

„Ja, das ist besser so", antwortete ich erleichtert.

Jetzt war es um uns ganz still. Nur in der Ferne hörte ich einen Hund kläffen. Ich betete leise, dass Jesus jetzt seine ganze Liebe über Ming ausschüttete. Nach einer längeren Zeit sagte ich: „So, und nun kann ich dir die Vergebung zusprechen."

„Wart ab, ich bin noch nicht fertig", war Mings Antwort. Nach einer längeren Zeit fragte er: „Und wenn ich etwas vergessen habe? Vielleicht weiß ich auch nicht mehr alle meine Sünden."

„Dann weiß Gott das trotzdem, und wenn du jetzt ganz zu ihm gehören willst, dann wird dir das auch mit vergeben."

Dann nahm ich meine kleine Bibel aus der Tasche und las ihm aus dem 1. Johannesbrief die Verse 8 und 9 aus dem ersten Kapitel vor: „Wenn wir sagen, wir haben keine Sünde, so betrügen wir uns selbst, und die Wahrheit ist nicht in uns. Wenn wir aber unsre Sünden bekennen, so ist er treu und gerecht, dass er uns die Sünden vergibt und reinigt uns von aller Ungerechtigkeit." Ich kannte die Verse natürlich auswendig, aber ich dachte, es wäre gut, wenn Ming das direkt aus der Bibel hörte, damit Gott selbst diese wunderbaren Worte zu ihm sprach.

„Und nun sprich mir folgende Sätze nach: Herr Jesus Christus, ich brauche dich. Ich habe bisher mein Leben selbst bestimmt und bin immer wieder in Sünde gefallen. Danke, dass du mir vergeben hast. Jetzt gebe ich dir mein Leben mit Leib, Seele und Geist, mit Vergangenheit, Gegenwart und Zukunft. Übernimm du die Herrschaft in meinem Leben und verändere mich so, wie du mich haben willst. Amen."

Satz für Satz sprach Ming das nach und es war ihm sehr ernst.

Danach umarmten wir uns und waren beide so richtig glücklich. Ich hatte einen Menschen den Weg zu Jesus geführt, und Ming hatte den besten Herrn seines Lebens gefunden. Lachend und springend liefen wir den Hügel hinunter. Als wir am Buddhatempel vorüberkamen, blieb Ming plötzlich stehen. „Meine Mutter sollte auch nicht mehr hierher gehen. Isaac, erzähl ihr in unserem Haus doch von deinem Jesus."

Ich fragte: „Wieso? Erzähl du ihr doch von deinem Jesus!" Und wieder lachten wir, wie kleine Jungs, die einen Streich ausgeheckt hatten.

Als wir uns vor der Bibelschule, wo ich mit meiner Mutter und Yiling wohnte, verabschiedeten, sagte Ming: „Isaac, bitte nenne mich jetzt Bruder Ming. Das klingt zwar komisch, aber ich will, dass wir immer daran erinnert werden, dass wir ja zu dem einen guten Vater gehören."

Am nächsten Tag brachte er mir einen Karton mit den Zeitschriften und einigen anderen Dingen, wie Amulette, die er mich bat zu verbrennen. Das habe ich dann so gemacht, dass ich gleich den ganzen Karton angezündet habe. Ich wollte die Zeitschriften nicht noch einmal in die Hand nehmen.

Ming hatte aber auch einige Feuerwerkskörper mit entsorgt, die jetzt explodierten und den Karton zerrissen, sodass die brennenden Fetzen durch die ganze Gegend flogen. Ich rannte hin und her, um die Brandstücke zu löschen. Das muss ein ulkiges Bild gewesen sein. Zum Glück entstand daraus kein größerer Brand.

22 Ich lese und lese …

In der Schule wurde ich zum Klassensprecher gewählt. Das war eine große Auszeichnung, zumal ich ja als Letzter in die Klasse gekommen war. Klassensprecher zu sein war im birmanischen Schulsystem eine hohe Ehre. Bei allen Streitigkeiten – auch mit den Lehrern – wurde der Klassensprecher wie ein Richter eingesetzt. Ich hatte auch bei Beratungen über Stundenpläne, Ausflüge und Zensuren mitzuentscheiden.

Wenn ich nicht mit Ming zusammen war, lernte ich. Ich wusste, dass viele Aufgaben auf mich zukommen würden. So fing ich an, Englisch zu lernen. Wir hatten das zwar auch in unserer Mittelschule in Henan gehabt, aber dieses Fach hatte mich damals nicht interessiert. Was sollte ich mit einer fremden Sprache in unserem Land, in dem so viele unterschiedliche Dialekte gesprochen wurden? Jetzt war ich richtig versessen darauf, diese Sprache zu lernen.

Auch mit Gitarre fing ich an. Das war gar nicht so leicht. Die Finger wollten alles andere, nur nicht auf die richtigen Saiten und in die richtigen Bünde. Kaum hatte ich sie auf den Saiten untergebracht, musste ich schon wieder in einen anderen Griff wechseln. Die Aussicht, dass ich mit der Gitarre auch die Lobpreislieder im Gottesdienst begleiten könnte, gab mir aber die Energie, nicht aufzuhören. Schneller, als es gut gewesen wäre, nahm ich meine Gitarre mit in die Gemeinde. Alle waren erstaunt, dass ich dieses Instrument spielen konnte – diesen Eindruck hatte ich jedenfalls erweckt.

Aber die ersten Lieder waren eine riesige Blamage. Die Gemeinde sang für meine Kunst viel zu schnell. Kaum hatte ich einen Griff platziert, waren sie schon wieder weiter, und es klang schräg und unharmonisch. Doch ihre Geduld mit mir war beispielhaft. Das Gesangstempo wurde drastisch gedrosselt, und wir sangen in der nächsten Zeit nur die zwei Lieder, die ich bereits so halbwegs spielen konnte! Nach einigen Wochen hatten wir uns aneinander gewöhnt und das Tempo wurde wieder angezogen.

Mein eisernes Üben zu Hause ging meiner Ma reichlich auf die Nerven. Mein Kommentar dazu war nur: „Sei froh, dass ich nicht Schlagzeug spiele!"

In dieser Zeit begann ich auch intensiv zu lesen. Jedes geistliche Buch, das mir in die Finger kam, verschlang ich regelrecht. Weil wir ja in der Bibelschule wohnten, konnte ich ungehindert alle Räume betreten, auch die Bibliothek. Sie beherbergte eine unergründliche Fülle an Büchern. Oft blieb ich bis um Mitternacht dort und las, was das Zeug hielt. Hin und wieder fehlte auch ein Buch im Regal, das war dann mit mir in unser Zimmer gegangen. Dies war nicht erlaubt, aber über solche „Kleinigkeiten" setzte ich mich hinweg, weil ich das Wissen so dringend brauchte. Bald entstand in der Bibelschule der Spruch: „Wenn ein Buch aus der Bibliothek fehlt, dann fragt mal bei Isaac."

Auch am Unterricht in der Bibelschule nahm ich teil,

soweit das meine Verpflichtungen in der regulären Schule erlaubten.

Sehr begeistert war ich von den Unterrichtseinheiten über die Kulturen der Völker. Da lernte ich sehr viele interessante Einzelheiten über fremde Völker und Kulturen. Neu war mir, dass ein Missionar zuerst die Kultur eines Volkes kennen muss, damit seine Botschaft niemanden verletzt und nicht falsch verstanden wird.

An den Wochenenden war ich dann öfters mit den Bibelschülern zu Einsätzen unterwegs. So lernte ich das beeindruckend schöne Land kennen und übte mich in evangelistischer Verkündigung. Unsere Evangelisationen bedeuteten aber nicht nur Verkündigung, sondern auch ganz praktische Hilfe. So lernte ich, kleine Wunden zu verbinden, Furunkel aufzuschneiden und Augentropfen zu verabreichen. Aber auch bei Bauarbeiten halfen wir, wenn ein Dorf durch eine Überschwemmung in Mitleidenschaft gezogen war. Oder es gab Holz zu schneiden für alte Menschen, die das nicht mehr leisten konnten.

Kinderstunden waren meine besondere Leidenschaft. Hier kam mir meine Gitarre zu Hilfe, denn viele Kinder hatten so ein Instrument noch nie gesehen. Wenn die Kinder zu unseren öffentlichen Veranstaltungen kamen, waren sie meistens gut angezogen, aber auf der Straße liefen sie oft nur in einem zerrissenen Hemd herum.

Auch in die Häuser der armen Leute kam ich und war erschrocken, wie primitiv sie ihre Hütten eingerichtet hatten. Es gab auch Kinder, die keine Eltern mehr hatten. Entweder waren die Eltern gestorben oder sie hatten die Kinder einfach aus dem Haus gejagt. Das geschah hier öfter, als ich das von China her kannte. Diese Kinder waren dann aufs Betteln oder Stehlen angewiesen. Für sie nahmen wir uns meistens mehr Zeit, und es machte uns glücklich, ihnen etwas zu essen zu besorgen. Klar, dass sie sich richtig an uns klammerten, aber wir konnten sie ja nicht mitnehmen. Später baute ich dann mit meinem Vater für diese Kinder Waisenhäuser in Birma, die wir heute noch regelmäßig besuchen und unterstützen.

In die Bibelschule kamen auch viele Besucher. Dadurch lernte ich etliche bekannte Evangelisten kennen. Wenn mich die Lehrer dann vorstellten, staunten sie alle, den Sohn des bekannten Bruder Yun zu sehen. Ich wollte das später gar nicht mehr, denn ich war Isaac Liu und nicht in erster Linie der Sohn von Yun Liu. Ich hatte mein eigenes Leben zu leben und wollte nicht immer über meinen Vater definiert werden.

Auf der anderen Seite sehnte ich mich sehr nach meinem Vater. Wie mochte es ihm gehen? Eine direkte Nachricht hatten wir von ihm nicht bekommen, nur über andere Christen wussten wir, dass er sich immer noch in Deutschland aufhielt, weil ihm deutsche Glaubensbrüder und -schwestern die Ausreise ermöglicht hatten. Aber wo lag Deutschland überhaupt?

In der Bibliothek machte ich mich kundig und fand, dass es eins der kleinen Länder im fernen Europa war. Unser chinesisches Zeichen für Deutschland sagte zwar, dass dort viele Menschen mit einem gütigen Herzen lebten, aber war das wirklich so? Ich hatte ja auch schon gehört, dass die Deutschen den Weltkrieg angezettelt hatten und der Premierminister Hitler viele unbegreifliche Gräueltaten verübt hatte.

In China haben die Menschen von Deutschland eine bessere Meinung als von England und Frankreich. Diese Länder hatten China gedemütigt und unser Land wirtschaftlich ruiniert. Deutsche waren zwar auch als Kolonialmacht im Land gewesen, aber nur für eine kurze Zeit. Mein Großvater hatte jedenfalls immer gut von den Deutschen gesprochen. Und nun war mein Vater dort. Ob wir auch in dieses ferne Land reisen würden, oder kam mein Vater hierher nach Birma? Ich konnte mir das gut vorstellen. Das Land war schön und wir könnten in der Armut und unter viel Heidentum das Evangelium zu den Menschen bringen.

23 Gefangen im Hotel

Zwei Jahre lebten wir in Birma. Es war eine gute und für mich sehr prägende Zeit. 2001 besuchte uns dann mein Vater. Sein Plan war, dass wir Birma verlassen und über Thailand nach Deutschland ausreisen sollten. Bevor wir aufbrachen, gründeten wir ein Kinderheim. Mit sieben Kindern fingen wir damals an und übertrugen die Leitung einer Lehrerin, die Christin war. Heute wohnen dort hundertzwanzig Kinder, und wir unterstützen diese Arbeit mit vielen Spenden, die wir in Deutschland und Europa sammeln.

Aber jetzt hieß es für uns erst einmal wieder, auf die Flucht zu gehen. Mein Vater hatte inzwischen einen gültigen deutschen Pass und war aus Sicherheitsgründen nicht mit uns gereist, sondern einen Tag voraus. Nun waren wir zwar dem kommunistischen System entronnen, aber die anderen Länder hatten auch ihre Grenzen und ein unterschiedliches Verständnis für Flüchtlinge. Im Norden Birmas waren wir verhältnismäßig sicher. Hier gab es die chinesische Bibelschule, und auch sonst lebten hier viele Chinesen. Wenn wir aber weiter in den Süden und Richtung Thailand kommen würden, dann würden wir gleich als Chinesen auffallen.

Dazu kam, dass in diesen Tagen auf birmanischer Seite ein militärischer Konflikt mit Rebellen ausbrach. Es gab auf den Hauptstraßen und vor den Städten immer wieder Kontrollpunkte. Die Polizisten waren nervös und vermuteten in jedem Ausländer einen potenziellen Feind Birmas. Nun waren wir ja keine Terroristen oder Spione, aber das Gegenteil mussten wir jedes Mal eindeutig erklären – und das in einer Sprache, die wir in den zwei Jahren doch nicht richtig gelernt hatten.

In der Stadt Mandaley trennten sich auch die Wege von meiner Mutter, Yiling und mir. Meine Ma wurde mit meiner Schwester und einem Mann aus der Gemeinde an die Grenze gebracht. Für sie war der Weg über das Gebirge und durch den dichten Urwald sicherer. Ich flog mit einem Begleiter, Pastor Yu aus Singapur, mit einer kleinen Maschine in die Grenzstadt Tachilek.

Weil Flughäfen immer eine Drehscheibe für Schmuggler und Spione sind, gab es eine scharfe Kontrolle. Ich hatte zwar einen Pass – aber das war nicht meiner! Wir hatten ihn auf dem Schwarzmarkt für hundert Dollar gekauft. Er gehörte einem jungen Chinesen, der bei einem Unfall ums Leben gekommen war. Nur, der sah auf dem Foto völlig anders aus! Das Passbild ändern zu lassen, dazu hatten wir keine Zeit gehabt, und das wäre auch noch einmal teuer geworden, denn das Bild musste eingeprägt sein. Er hatte lange Haare und ein breites Gesicht. Ich bin schmal und hatte damals extrem kurze Haare. Wenn ein Beamter nicht völlig blind war, sah er auf den ersten Blick, dass dies nicht mein Pass war. Doch es war die Chance, jetzt das Land zu verlassen.

Mir blieb nur das Vertrauen, dass Gott ein Wunder geschehen lassen würde. Ich weiß, das war ziemlich frech, Gott so herauszufordern. Ein Pass, der nicht stimmte, keine anderen Papiere und dann die verschärfte Situation an den Landesgrenzen.

Als wir nach dem einstündigen Flug den Empfangsbereich am Flughafen der Grenzstadt Tachilek betraten, mussten wir alle unsere Pässe abgeben. Pastor Yu aus Singapur blieb bei mir. Wir hatten das Gepäck abgegeben und warteten auf die Zollkontrolle.

Es dauerte eine Weile, bis wir aufgerufen wurden. Einer nach dem anderen musste an eine gläserne Kabine treten. Dann wurden die Daten verglichen usw., also eine ziemlich genaue Zoll- und Passkontrolle. Weil es etwas dauerte, ging ich zur Toilette. Als ich wieder herauskam, rief Pastor Yu, der bereits hinter dem Abfertigungsschalter stand, ich solle schnell kommen, er habe meinen Pass. So ging ich einfach durch die Kontrolle, an dem Polizisten vorbei, der sich mit einem anderen Passagier beschäftigte. Fast gewaltsam griff Pastor Yu nach meinem Arm und zog mich aus dem Flughafengebäude hinaus. Draußen standen einige Taxis, und ehe ich mich versah, drückte er mich in eins dieser Autos, und dann ging es so schnell wie möglich weg von hier. Wieder einmal hatte ich Gottes Hilfe erfahren, es wirkte erst einmal völlig unwirklich auf mich. Sahen so moderne Wunder aus?

Die Nacht verbrachten wir in einem einfachen Hotel in Tachilek. Ich erwachte ziemlich früh und hörte Detonationen in der Stadt. Weil ich von meinem Fenster aus nichts sehen konnte, ging ich zu einem Balkon, um die Ursache der Knallerei zu erkunden. Auch Pastor Yu war aufgestanden, er war voller Unruhe. Aber mich interessierte, was dahinten durch die Gegend flog. So stieg ich auf die Dachterrasse des Hotels und sah, dass hinter der Stadt in den Bergen geschossen wurde. Die Granaten zogen ihre feurigen Bahnen, und nach den Explosionen stiegen schwarze Rauchwolken auf. Der Donner der Explosion war erst vier oder fünf Sekunden später zu hören, nachdem das Geschoss explodiert war.

Das also war Krieg. Das Schauspiel sah imposant aus, und ich konnte mich kaum von den Bildern trennen. Da kam Pastor Yu ganz aufgeregt auf die Dachterrasse und wollte mich herunterholen.

In dem Moment pfiff ein Geschoss an mir vorbei und traf die Satellitenschüssel des Hotels. Pastor Yu schrie nur: „Wirf dich hin, Isaac, sie haben dich im Visier."

Auf dem Bauch kroch ich zur Treppe, die ins Hotel führte und mir Sicherheit geben konnte. Wieder hörten wir eine gewaltige Detonation drüben in den Bergen. Plötzlich musste ich daran denken, wie viele Menschen dort am Hang gerade starben. Wem wurde das Haus zum Trümmerfeld geschossen und wer verblutete jetzt schreiend dort im Dreck? Später in Deutschland sah ich bei Freunden Videospiele, die genau solche Bilder zeigten. Für mich war das kein Spiel. Mir standen bei den Videospielen immer diese Bilder von Tachilek vor Augen.

Durch den Krieg, der uns plötzlich umzingelt hatte, wurde unsere Weiterreise auf unbestimmte Zeit verschoben. Wir blieben im Hotel, die meiste Zeit sogar im Keller, weil immer einmal Geschosse das Gebäude trafen. Sie konnten allerdings dem Beton wenig anhaben. Scheiben gingen öfters zu Bruch. Wenn man sich zufällig in so einem Zimmer aufhielt, konnte es schon gefährlich werden.

Gefährlich war es auch, auf die Straße zu gehen. Ich war jetzt sechzehn Jahre alt, und es gab „Arbeitsvermittler", die junge Männer als Soldaten und für „rückwärtige Dienste" anwarben. Dabei waren diese Menschenfänger oft nicht wählerisch und rekrutierten gewaltsam jeden jungen Mann, der ihnen in die Fänge geriet. Das hätte mir jetzt noch gefehlt!

Tagelang saßen wir fest. Einige der unfreiwilligen Gäste sagten schon, dass es sicher ein Jahr dauern werde, bis sich die Lage wieder beruhigte. Ich solle mir meine Flucht nach Thailand aus dem Kopf schlagen, das wäre einfach zu gefährlich. Die tristen Kellerräume, in denen wir meist Zuflucht suchten, taten das Übrige. Mir war mein ganzes Vorhaben plötzlich so irrsinnig, dass mir der Mut auf den Nullpunkt sackte.

Aber da war ein Bibelwort, das mir in diesen Tagen immer wieder in den Kopf kam. Es brauchte lange, bis es auch zu meinem Herzen durchdrang: „Wir wissen aber, dass denen, die Gott lieben, alle Dinge zum Besten dienen" (Römer 8,28). So wuchs langsam in mir wieder die Gewissheit, dass Gott mir helfen würde. Er hatte mich so wunderbar bis hierher gebracht, also würde er auch weiter einen Weg für mich haben.

Über Mittag schwiegen die Waffen meistens – den Soldaten war das Mittagessen wichtiger als Krieg, und so ließen gewöhnlich beide Seiten die Waffen für zwei Stunden ruhen. Als wir gerade einmal zum Mittagessen im Hof des Hotels saßen, stürmte plötzlich Polizei ins Haus, auf der Suche nach rekrutierbaren jungen Männern. Anscheinend waren die Verluste in den Bergen so groß, dass jetzt jeder für diesen Krieg herangezogen wurde.

Instinktiv sprang ich auf und rannte auf den anderen Hotelflügel zu, wo das Treppenhaus offen stand. Die Angst trieb mich zu Höchstleistungen an. Im Nu war ich im vierten Stock, der gleichzeitig die Dachterrasse des Hotelflügels war. Ich schaute über die Brüstung und sah, dass die Polizisten mir nicht gefolgt waren, sondern mit einem älteren Mann verhandelten. Auch Pastor Yu war geflohen. Er kam später stinkend und voller Ekel aus einer Mülltonne heraus.

Auf dem Dach war ich jetzt zwar in luftiger Freiheit, aber dennoch gefangen. Es war vielleicht etwas unüberlegt gewesen, sich nach hier oben zurückzuziehen. Wenn sie jetzt nachkamen, hatte ich keinen Ausweg. Ich konnte höchstens über das andere Flachdach zum Hauptgebäude hinüberklettern und dort versuchen, die Treppe wieder nach unten zu rennen. Aber dort würden sie mir vielleicht auch entgegenkommen, und ich würde ihnen direkt in die Arme laufen.

Jetzt merkte ich, dass sich die vier Polizisten in zwei Gruppen teilten und zu mir heraufbrüllten: „Mach, dass du herunterkommst. Du bist verhaftet!“

Ich hatte so viel Birmanisch gelernt, dass ich sie gut verstand. Ihre Haltung hätte aber auch so ausgereicht, die Drohung zu verstehen. In meiner Angst betete ich: „Gott, zieh mich nach oben oder mach mich unsichtbar.“

Auffällig ging ich am Geländer der Brüstung entlang

zum Hauptgebäude und stieg über die ebene Fläche, sodass sie mich sehen mussten. Sofort vereinten sich die Polizisten wieder und rannten gemeinsam auf das Hauptgebäude zu, um mich in Empfang zu nehmen. Sobald sie im Haus verschwunden waren, machte ich kehrt und wollte im Seitengebäude die Treppe hinunter, um mich irgendwo im Gelände zu verstecken. Doch als ich das Treppenhaus wieder erreichte, hörte ich, dass von unten ebenfalls Polizei nach oben kam. Jetzt saß ich total in der Falle.

Ich lief im dritten Stock durch den Gang mit den Hotelzimmern und versuchte, in ein Zimmer zu entkommen. Vielleicht konnte man aus dem Fenster springen. In irgendeinem Kurs der Hausgemeinden hatten wir das einmal geübt, wie man aus dem zweiten Stock auf den Boden sprang, ohne sich zu verletzen.

Doch die Türen der ersten drei Zimmer waren verschlossen. Die vierte öffnete sich. Ich drückte mich in die Ecke, hoffend und betend, dass sie hier nicht hereinstürmten. Doch die Treppe zu den oberen Etagen hochzusteigen, war den Polizisten dann anscheinend zu anstrengend und ich blieb unentdeckt.

Ich musste an mein Gebet vom Dach denken: „Gott, zieh mich nach oben oder mach mich unsichtbar." Wieder einmal hatte er seine Hand über mich gehalten.

24 Flucht nach Thailand

Nach einem Monat, an einem Tag, an dem nicht geschossen wurde, wollten wir, Pastor Yu und ich, die Flucht über die grüne Grenze wagen. Es war wieder einmal ein Fluss, den wir überqueren mussten, ein ziemlich wilder Nebenfluss des Mekong. Der „Geheimdienst der Gemeinde" hatte uns ein Boot organisiert. Aber in so einem Ding war ich noch nie unterwegs gewesen und würde auch in einem Freizeitpark nur mit Badehose einsteigen. Schmal und äußerst wackelig machte es auf mich keinen vertrauenswürdigen Eindruck.

Den Begriff „Einbaum" hatte ich erst kürzlich in einem Missionsbericht aus Amazonien kennengelernt – dies hier musste so etwas sein. Ein Bootsführer und Pastor Yu setzten sich auf zwei quer liegende Bretter. Ich musste mich an der Spitze des Bootes auf den Boden hocken, konnte mich aber dadurch an beiden Rändern des Bootes festhalten. Das war bei der Strömung des Flusses auch sehr nötig. Bald saß ich in dem reichlich gelieferten Spritzwasser.

Fasziniert schaute ich dem Bootsführer zu, der nur mit einem Paddel das Boot immer wieder so gegen die Wellen drehte, dass sie uns nicht umwerfen konnten. Wir trieben weit ab, stromabwärts. Trotzdem näherten wir uns langsam dem anderen Ufer. Der Bootsführer hatte den Weg anscheinend genau berechnet, denn am anderen Ufer tauchte eine kleine Stadt auf. Allerdings sahen wir auch, je näher wir den Uferbebauungen kamen, dass dort viele Uniformierte standen. Thailändische Polizisten in ihren bunten Jacken und Helmen.

Sie hatten uns längst erspäht und schauten argwöhnisch

zu uns herüber. Einige nahmen das Gewehr von der Schulter. Der Bootsführer ließ uns aber noch ein Stück weitertreiben und steuerte auf eine andere Gruppe Männer zu, die hinter einem Bootsschuppen zu uns herüberwinkten. Ich erkannte einige Europäer unter ihnen. Es waren Mitglieder des AVC, Aktion für verfolgte Christen und Notleidende, die ich hier zum ersten Mal zu Gesicht bekam. Die Polizisten liefen am Ufer entlang, um gleichzeitig mit uns bei dieser Gruppe anzukommen. Wir waren aber einen Moment eher da, und einer der „Langnasen" sprang auf mich zu, hielt mir einen roten Pass entgegen und rief: „Isaac, hier, du bist jetzt Deutscher!"

Die Polizisten kontrollierten unsere Papiere und waren sehr erstaunt über den chinesischen Deutschen, der da gerade mit dem Boot angekommen war, aber kein Deutsch verstand. Doch es hatte seine Richtigkeit: Der Pass war von der deutschen Botschaft ausgestellt und das Foto zeigte – diesmal auch wirklich – Isaac mit einem Lächeln. (Woher die Botschaft das Bild von mir hatte, habe ich nie erfahren.)

Diese Polizisten hier wollten aber mehr wissen, und so erzählte Pastor Yu meine Geschichte mit der Flucht aus China. Das wollten die Polizisten nicht glauben. Es sei unmöglich, aus China herauszukommen. „Jetzt während des Krieges kann man nicht bis an die Grenze kommen, die Birmanen schießen auf alles, was sich da bewegt. Keine Maus kommt zurzeit durch die Grenze." Der europäische Leiter der Gruppe ergänzte mit einem Wort von Jesus: „Was bei Menschen unmöglich ist, das ist möglich bei Gott."

Nun ging es mit einem Jeep nach Bangkok. Der Fahrer erklärte uns, wir müssten uns auf viele Kontrollen einstellen. Er hatte auf der Fahrt hierher nach Chiang Rai viel Zeit verloren, weil die thailändische Regierung wegen des Krieges in der Grenzregion, in der wir uns immer noch befanden, sehr nervös war.

Doch es gab nicht eine einzige Straßensperre, und wir kamen nach acht Stunden Fahrt durch eine wunderbare Berglandschaft mit einer sagenhaften tropischen Vegetation in Bangkok an.

In der deutschen Botschaft gab es noch einige Dinge zu erledigen. Formulare jede Masse, so, wie es mir immer von den Deutschen erzählt worden war. Sie sind tatsächlich so!

Aber sie waren freundlich zu mir, und es wurden immer wieder andere Beamte hergerufen, die den chinesischen Flüchtling sehen wollten. Natürlich wurde dort deutsch gesprochen, doch mein bisheriger Sprachschatz beschränkte sich auf „Guten Morgen" und „eins, zwei, drei, vier". Mein Englisch war auch noch nicht so gut, dass es für eine Unterhaltung reichte, aber Paul Hattaway, Chinaexperte und Christ, half mir, alle Formulare, Anträge, Erklärungen und Listen auszufüllen. Pastor Yu kehrte gleich von Chiang Rai wieder nach Birma zurück. Ich bin ihm so dankbar, dass er sich für mich engagiert und dabei sein Leben für mich riskiert hat. Gotte segne ihn dafür!

Auf dem Flughafen in Bangkok sah ich endlich auch meine Ma und Yiling wieder. Sie hatten einen abenteuerlichen Grenzübertritt hinter sich. Ihr Begleiter hatte sie auf dem

Landweg nach Thailand geführt, wobei „Weg" nicht die richtige Bezeichnung war. Eine Nacht lang hatten sie sich durch undurchdringlichen Urwald gekämpft, in dem der Begleiter den Weg erst mit einer Machete frei schlagen musste. Sie durften keine Schuhe tragen, weil das knirschende Geräusch am Boden sie eventuell verraten hätte. Meine Mutter hatte den Barfußmarsch einigermaßen gut überstanden, aber Yiling hatte sich tiefe Schnittwunden zugezogen. Sie waren ja über Geäst, durch Moore und über kantige Felsen gegangen. Es muss eine sehr anstrengende „Reise" gewesen sein. Meine Mutter sah schmal und leidend aus. Die Augen wollten ihr immer wieder zufallen. Yiling hatte man neu eingekleidet. Sie sah schick und europäisch aus, aber auch sie war müde und sprach kaum ein Wort. Ihre dick verbundenen Füße steckten in viel zu großen Schuhen. Sie sah aus wie ein Clown.

25 Lufthansaflug nach Deutschland

Als wir in der Boing 747 der Lufthansa saßen, war für mich alle Angst und Unsicherheit vergessen. Ich hatte nur Augen für die riesigen Vögel, die vor uns starteten oder auf der gegenüberliegenden Bahn landeten. Immerhin war ich das erste Mal in so einem großen Flieger.

Und dann rollten wir zur Startbahn und hoben ab. Es war ein wunderbares Gefühl, wie die Erde nach unten abkippte und wir steil in den Himmel stiegen! Die Stewardess bediente mich wie einen Regierungsbeamten und lächelte mich an, als würden wir uns kennen. Ich durfte mir sogar aussuchen, was ich essen und trinken wollte. Da ich die Namen der Getränke nicht kannte, sagte ich, dass ich gern so einen roten Saft in der kleinen Flasche wollte wie der Mann vor mir. Bereitwillig schenkte sie mir ein, gab mir den Becher und die halb geleerte Flasche, die ich auf das Tablett stellte. Als ich den Saft kostete, prickelte er leicht auf der Zunge. Ich hatte das erste Mal in meinem Leben Rotwein getrunken. Nun war mir klar: Ich war in einer völlig anderen Welt angekommen.

Als sie wieder den Gang entlangkam, lächelte ich sie als Erster an, aber sie hatte plötzlich überhaupt keinen Blick mehr für mich und hastete zu den anderen Passagieren weiter hinten. Ich hatte den Fensterplatz, neben mir saß Yiling, auf dem dritten Sitz unsere Mutter. Paul Hattaway, der uns auf Bitten des AVC begleitete, saß auf der anderen Seite des Ganges. Ich fragte meine Mutter: „Ma, was denkst du jetzt?"

Sie lächelte zu mir herüber und antwortete mit einem Gebet: „Gott, du bist wunderbar. Auf Adlers Schwingen trägst du uns und führst uns aus der Dunkelheit ins Licht." Dann lächelte sie, schloss die Augen und lehnte sich in den Sitz zurück. Da kam die Stewardess wieder, sagte etwas zu meiner Mutter, verstellte ihr den Sitz nach hinten und brachte ihr eine Decke.

In Deutschland waren die ersten Menschen, die mir begegneten, wieder Polizisten. Sie kamen ins Flugzeug, schritten zielsicher auf uns zu und baten uns, als Erste auszusteigen. Wir wurden mit einem vergitterten Fahrzeug in die Ankunftshalle gefahren. Sie redeten beruhigend auf uns ein, aber wir verstanden ja kein Wort. Doch in einem separat abgeteilten Bereich der Empfangshalle klärte sich alles auf. Hier warteten bereits deutsche Brüder und Schwestern vom AVC auf uns und begrüßten uns herzlich. Einiges an Papierkram war noch zu erledigen – mein Bild von Deutschland durfte ja nicht ins Wanken kommen!

Nur mein Vater war nicht im Empfangskomitee. Wir erfuhren, dass er beim offiziellen Grenzübertritt zwischen Birma und Thailand verhaftet worden war, weil er mehrere Pässe bei sich hatte. Das enttäuschte uns sehr. Sollte denn die Leidenszeit immer noch nicht vorbei sein? Wir waren jetzt in Sicherheit: Keine Verfolgung, keine Angst, nicht mehr ruhelos und flüchtig von einer Stadt in die andere, nicht mehr sich verstecken, weder im Dickicht unten am Fluss noch in einer Mülltonne oder auf der Toilette. Der deutsche Pass gab mir eine große Sicherheit und ich hätte mich bestens gefühlt – wenn da nicht die erneute Angst um meinen Vater gewesen wäre.

Das Empfangskomitee des AVC beschenkte uns mit Schokolade. Ich hatte noch nie vorher welche gegessen. Aus Büchern kannte ich das schon und war enttäuscht, dass die Tafeln so dünn waren. Aber geschmeckt haben sie mir vom ersten Bissen an.

Wir fuhren mit dem Auto der Christen nach Gießen, in das Auffanglager für Flüchtlinge. Ich weiß nicht, wie weit das war, denn wir sind alle drei im Auto sofort eingeschlafen. Uns war ein riesiger Stein von der Seele gefallen. War es doch der erste entspannte Schlaf nach jahrelanger Unsicherheit.

Daher hatten sie Mühe, uns in Gießen wach zu bekommen.

Nach einer Woche durften wir Gießen schon wieder verlassen und zogen mit unbefristeter Aufenthaltserlaubnis nach Nidda, zur Zentrale vom AVC – Aktion für verfolgte Christen und Notleidende. Der Erfolg bei meinen Sprachkursen stellte sich dann leider viel zu langsam ein, weil ich gleich wieder in der chinesischen Gemeinde aktiv wurde. Ich habe gepredigt und Anbetungsgottesdienste geleitet. Viele Menschen wurden durch meine Gotteserlebnisse ermutigt, auch hier in Deutschland dem Herrn Jesus bedingungslos nachzufolgen.

Träume von einer Businesskarriere

Aber ich wollte jetzt nicht mehr Prediger werden. Die Erfahrungen mit Gott waren zwar wunderbar, aber ich hatte keine Kraft, ein so entbehrungsreiches Leben weiterzuführen. Ich hatte Gott zwar mehrere Male gelobt, ihm mit meinem ganzen Leben zu dienen, aber jetzt wollte ich nicht mehr. Meine Pläne waren, in die Wirtschaft zu gehen und endlich Geld zu verdienen, damit auch meine spätere Frau einmal eine „warme Decke“ hatte.

Zwei Deutschkurse schmiss ich wieder hin – die Sprache war einfach zu schwer für mich. Deshalb wurde ich auf der Handelsschule natürlich nicht angenommen. Neben dem mangelhaften Deutsch kam noch dazu, dass ich keine Vorkenntnisse für diese Fachrichtung hatte.

So fing ich auf einer Berufsfachschule für Elektrotechnik an. Das sollte aber nur ein Sprungbrett für meine Businesskarriere sein. Doch das erste halbe Jahr war eine Katastrophe. Ich saß im Unterricht und verstand so gut wie nichts.

Nur in Mathematik sah ich etwas Licht im Dunkel. Da kam mir sehr zugute, dass wir in China doch einen fundierten mathematischen Unterricht hatten, auch wenn ich die erste Prüfung nicht bestanden hatte. Die zweite war dann ja aus bekannten Gründen ausgefallen.

Ich fühlte mich elend. War das meine Berufung? Elektrotechniker und dann Geschäftsmann? War ich am richtigen Ort hier? Die Frage machte mich unruhig und beschäftigte mich so, dass ich im Unterricht total abwesend war. Dann musste ich auch diese Schule verlassen.

So blieb mir wieder nur die Bitte an meinen himmlischen Vater: „Zeige mir deinen Weg, Herr!" Mein Vater war vorzeitig aus der Haft in Birma entlassen worden und nun endlich bei uns. Mit ihm betete ich um Klarheit für mich. Ich wusste, dass er schon immer dafür gebetet hatte, dass Gott mich in seinen Dienst holte, aber er hat mich nie dazu überredet.

Meine Ma wollte in dieser Sache nicht mit mir beten. Ich weiß, dass sie Gott darum anflehte, dass ich nicht Pastor würde. Der Weg meines Vaters war für sie so entbehrungsreich, dass sie dieses oder ein ähnliches Schicksal ihrem Sohn ersparen wollte. Nachdem sie bei meiner Geburt Gott gelobt hatte, dass ich ein Verkündiger des Evangeliums werden sollte, hatten sie die furchtbaren Erlebnisse der Verfolgung und der Entbehrung verändert. Sie zweifelte nicht an Gottes Liebe und kündigte ihm auch nicht die Treue auf, aber ihren Sohn wollte sie nicht in diese Gefahrenzone hineinlaufen lassen. Vor einiger Zeit gestand sie mir, dass sie schon zu meinem achten Geburtstag so gebetet hatte. Mein Vater war damals wieder im Gefängnis gewesen, und die Polizei hatte unser Haus verwüstet. Heute kann ich sie gut verstehen – sie ist schließlich meine Mutter.

26 Was soll ich werden?

So war ich wieder einmal bei den Christen, die uns aus China herausgeholt hatten. Der Leiter begrüßte mich wie immer fröhlich und fragte dann: „Isaac, wie geht's dir?"

Ich sagte: „Schlecht."

„Ja, ich habe schon gehört, dass du mit der Fachschule aufhören musst, weil es mit der Sprache nicht geht. Was willst du machen?"

„Ich weiß es nicht", antwortete ich ganz verzweifelt.

Darauf lud er mich ein, auf eine Bibelschule zu gehen.

„Aber das ist doch das gleiche Problem! Wie soll ich eine Bibelschule in Deutschland absolvieren, wenn ich die Sprache nicht richtig kann?"

Doch er legte seinen Arm um meine Schulter und tröstete mich: „Isaac, das mit der Sprache, das lernt man am besten unter Freunden. Wenn du auf der Bibelschule bist, dann hast du Freunde, die dir bei der Sprache helfen, und im Unterricht bist du dabei und kannst ohne Stress zuhören. Was du verstehst, verstehst du, und das andere kommt dann mehr und mehr dazu. Den Lehrstoff kennst du ja schon – und du wirst merken, wie schnell du gerade die biblischen Texte verstehen wirst."

Für mich war es ein Strohhalm, und die Version mit dem langsamen Hineinwachsen leuchtete mir ein. So packte ich zwei Tage später meine Sachen und fuhr mit einem Bruder nach Erzhausen bei Darmstadt zum Theologischen Seminar Beröa. Ich wusste nicht, was das für ein theologisches Seminar war, wohin ich da geistlich gesehen kam. In den wenigen Monaten in Deutschland hatte ich begriffen, dass die christliche Gemeinde hier sehr zersplittert ist. Wo kam ich jetzt hin? War das dort charismatisch? Evangelikal? Landeskirchlich? Baptistisch oder etwa in einer Richtung, die ich überhaupt noch nicht kannte? Wir fuhren einfach los und ich vertraute darauf, dass es der richtige Weg war.

Der Direktor wollte es einmal mit mir versuchen. Ein Jahr durfte ich kostenlos bleiben. In erster Linie, um Deutsch zu lernen, dann aber auch, um theologische Fächer zu belegen. Nur so viel, wie ich auch verkraftete. Kein Druck, kein Leistungsstress, nur Freunde, die mich verstehen und mir helfen würden.

Wie ich in die Klasse komme, werde ich erst einmal ausgelacht. Wie ein dummer Junge stehe ich da. Die anderen lachen über mich und tuscheln mit ihrem Nachbarn. Heute würde ich das vielleicht auch machen, denn ich hatte ein brasilianisches Fußball-T-Shirt an, das mir viel zu groß war. Ich war so stolz auf dieses T-Shirt! In China hatten wir nicht nach den Größen gefragt, Hauptsache, man hatte ein auffallendes Shirt von „seiner" Mannschaft. Dazu kam noch, dass ich als Chinese ja sowieso kleiner bin als die deutschen Jugendlichen. Mit meinem kurzen Haarschnitt und dem langen Shirt muss ich tatsächlich wie ein Dreizehnjähriger ausgesehen haben. Dabei war ich inzwischen neunzehn Jahre alt.

Ich wollte die Situation retten und begrüßte die Bibelschüler in noch sehr „chinesischem Deutsch" mit: „Gottes Fried seien mir euch." Mit dem Ergebnis, dass sie sich die Bäuche vor Lachen hielten. Ich wollte schon wieder kehrtmachen, da kam der Direktor auf mich zu und sagte: „So fröhlich haben wir hier noch nie einen Studenten begrüßt. Sei uns herzlich willkommen."

Jetzt merkten auch die Studenten, dass mich ihr Lachen sehr verunsichert hatte, und sie kamen einzeln zu mir, begrüßten mich mit Handschlag, sagten ihren Namen und noch irgendeinen netten Satz, den ich natürlich wieder nicht verstand.

Mit den Jugendlichen habe ich mich bald sehr gut verstanden. Wir lernten gemeinsam, aber wir feierten auch und trieben Sport. Sie waren über meinen Lebensweg sehr erstaunt und meinten: „Isaac, du hast für Gott gelitten und so viele Nachteile eingesteckt, das würden wir nicht durchhalten." Jetzt kamen sie öfters und fragten mich nach geistlichen Zusammenhängen, nach Bekenntnis und Bewährung, nach Leid und Treue zu Gott.

Es wuchsen gute Beziehungen zu den Studenten, nur der Unterricht war eine Qual für mich. Neben Theologie und Deutsch kamen ja auch noch die anderen Sprachen dazu, nämlich Griechisch und Hebräisch. Mir wurde mehr und mehr klar: Wenn ich das nicht begriff, konnte der Herr mich nicht gebrauchen.

Meine Unsicherheit blieb: Was sollte ich werden? Prediger auf keinen Fall. Es gab so viele begabte Menschen, die Prediger werden konnten. „Herr, suche dir dort deine Leute", sagte ich zu ihm. „Und wenn es unbedingt ein Chinese sein soll, Herr, es gibt 1,3 Milliarden – such dir dort jemanden heraus. Doch ich will deinen Willen tun."

Dann traf ich einen chinesischen Christen, der bei der Deutschen Bank in Frankfurt eine führende Stelle hat. Er fragte mich: „Isaac, was willst du mal werden? Hast du nicht Lust, ins Bankgeschäft einzusteigen? Wir Chinesen werden die führende Weltmacht werden, und da braucht es viele, die sich mit guten Prinzipien und christlichen Werten an die Spitze stellen. Du sprichst Deutsch und Chinesisch, die beste Voraussetzung für eine tolle Karriere." Bankdirektor – das konnte ich mir schon eher vorstellen. In Mathe war ich ja inzwischen besser als der Durchschnitt, und mit Geld konnte ich umgehen. Der Gedanke hatte sich bei mir ziemlich festgesetzt. Ich fuhr mit der S-Bahn nach Hause.

Unterwegs beobachtete ich die Geschäftsleute in guten Anzügen, mit schwarz glänzenden Aktenkoffern und goldenen Uhren. An den Gedanken könnte ich mich gewöhnen, auch mal so auszusehen. Ich stellte mir schon vor, wie ich in einem Bankhaus an einem großen Schreibtisch sitzen würde, mit Anzug und Krawatte, mit Vorzimmerdame und immer den Laptop dabei. Das Gehalt eines cleveren Bankmanagers würde mir Sicherheit geben. Aber mein Träumen brachte mich dazu, dass ich die Station verpasste und auszusteigen vergaß. War das ein Zeichen von Gott, dass das Bankgeschäft mich über das Ziel – sein Ziel – hinausschießen ließ?

Natürlich gab es auch genügend Menschen, die mir zum Beruf des Predigers rieten. Besonders die ausländischen, durchreisenden Evangelisten waren von der Idee beseelt, den Sohn des „berühmten" Bruder Yun auf den „Kanzeln der Welt" zu sehen. Aber das war nicht mein Ziel. Lieber einen ehrbaren Beruf lernen und das Leben für mich und meine zukünftige Familie abgesichert gestalten. Einen gewissen Luxus wollte ich haben, auf den ich seit meiner Kindheit hatte verzichten müssen. Bei dem Gedanken, dass ich ein Prediger werden könnte, schreckte mich das Beispiel meines Vaters immer wieder ab. Ein Leben voller Entbehrungen, mit Flucht, Anfeindungen (die er jetzt auch durch „Fromme" im Westen erlebte) und null Familienleben – das wollte ich nicht.

Ich war im Blick auf meine Zukunft so unsicher, dass mich die Grübelei bis in meine Träume hinein verfolgte. Manchmal quälte mich die Ungewissheit so, dass ich heimlich weinte.

Zur Ausbildung in Beröa gehörte auch, dass wir ein Praktikum machten. Ich wurde eingeteilt, mit einem erfahrenen Christen nach Russland zu fahren. Wir waren in Moskau, in Omsk, am herrlichen Baikalsee und kamen bis nach Nowosibirsk. Dieses Praktikum hat mich sehr berührt. Ich sah die unzähligen alkoholkranken Menschen, Männer, Frauen und auch erschreckend viele Jugendliche. Wir sahen Drogenabhängige, die so verwahrlost aussahen, dass ich mich vor ihnen fürchtete. Aber ich erlebte auch, dass solche Menschen durch unsere Verkündigung zum Glauben kamen und von ihrer Sucht frei wurden. Es waren einfache Worte, die nur knapp übersetzt wurden, und dennoch trafen sie die Menschen bis ins Innerste, und sie warfen ihr dreckiges und verdorbenes Leben weg, um es von Jesus neu geschenkt zu bekommen.

Die einheimischen Christen an den Orten kümmerten sich dann intensiv um solche Jugendliche, denn wir flogen weiter, um andere Arbeitszweige kennenzulernen.

Ich war zwar Tausende von Kilometern von Deutschland entfernt, aber die bohrende Frage nach meiner Zukunft war mitgereist. Wieder war ich unsicher geworden, ob mich Gott vielleicht doch in der lebensrettenden Arbeit der Evangelisation wollte? Dann merkte ich wieder, wie viel Kraft ich in diesen Tagen brauchte, und die Strapazen der

Reise waren auch nicht gerade klein. Also doch nichts für mich?

So, wie ich das Problem mit nach Russland genommen hatte, reiste es anhänglich und drängend mit zurück. In der Bibelschule ging der reguläre Unterricht weiter, zu dem an jedem Morgen eine Andacht gehörte. Ich saß wieder einmal in der Kapelle, hörte zu und hatte nur den einen Gedanken: Was sollte ich werden? Was war Gottes Weg für mich? Bald würde für mich das eine Jahr hier vorbei sein – und dann?

Ich weiß nicht mehr, worüber an dem Morgen gepredigt wurde. Es war ein Lied, das mir die Erlösung brachte: „Allein deine Gnade genügt, die in meiner Schwachheit Stärke mir gibt. Ich geb' dir mein Leben und was mich bewegt. Allein deine Gnade genügt" (Martin J. Nystrom). Wir sangen das Lied mit der Band, dann forderte der Pianist uns auf, es ohne Begleitung zu singen – jeder ganz für sich.

Plötzlich wusste ich: „Das ist es!" Mir schossen die Tränen in die Augen, und ich konnte nicht mehr singen. Ich sank auf die Knie und weinte wie ein Kind. „Gott, ich habe dir schon so oft mein Leben gegeben, ich gebe es dir heute noch einmal, und zwar mit meiner ganzen Zukunft. Ich sage ja zu deinem Weg, ich will ein Verkündiger deiner guten Nachricht werden."

Die anderen Bibelschüler waren ziemlich erschrocken, weil ich sonst nicht so emotional reagierte. Der Direktor, der meinen inneren Kampf kannte, rief halblaut zu mir herüber: „Isaac, ich gratuliere dir." Endlich hatte ich die wichtigste Prüfung meines Lebens bestanden.

27 Das „staubige Land“

Mir war plötzlich wieder bewusst, dass ich schon immer Prediger werden sollte. Nicht nur mein Vater und viele Christen hatten anhaltend in diese Berufsrichtung gezeigt, sondern auch im Innersten meines Herzens hatte ich gewusst, dass dies mein Weg war. Ja, ich hatte davor Angst und hatte meine Ohren und mein Herz verschlossen, aber nun sah ich das alles so klar und eindeutig, dass ich ganz erleichtert und froh war.

Ich stand auf, wischte mir die – jetzt gar nicht mehr peinlichen – Tränen aus dem Gesicht, umarmte einige meiner Mitstudenten und rief selbstbewusst: „Brüder, ich werde das Evangelium predigen, zu Land, zu Wasser und in der Luft, ohne Scheu und mit all meiner Kraft und all meiner Zeit.“

Da klatschten sie alle Beifall und freuten sich mit mir.

Die Schule machte mir jetzt keine Probleme mehr. Ich lernte nicht mehr mechanisch, sondern mit einem ganz konkreten Ziel. Wenn ich mit den Gedanken einmal nicht beim Unterricht war, dann plante ich meinen späteren Dienst. Ich sah mich inmitten von Jugendlichen, ging durch die Fußgängerzone einer Großstadt und redete mit den Menschen über Gott. Ich sah mich auf Kanzeln und in Krankenhäusern predigen und mit chinesischen Studenten diskutieren, die es ja in Deutschland reichlich gibt.

Aber nun war die große Frage, ob ich eine Anstellung bekommen konnte. Wie ging es nach der Bibelschule weiter?

Wir hatten in Beröa viel Besuch von ausländischen Christen, von Missionaren und Kurzzeithelfern aus aller

Welt. Natürlich wurden wir Studenten immer wieder gefragt, wo wir einmal Dienst tun wollten. Es war ja möglich, von Beröa aus in alle Welt zu gehen. Auch ein Missionar, der unsere Familie schon lange kannte, besuchte uns in der Schule. Auf die unausweichliche Frage, was mal aus mir werden würde, legte er mir die Hand auf die Schulter und sagte: „Wenn du hier fertig bist, dann verlasse dieses staubige Land."

Viele Tage bewegte mich dieser Ausspruch. Mit dem staubigen Land meinte er natürlich Deutschland. Sollte ich nach Singapur gehen, dort vielleicht eine Chinesin kennenlernen und heiraten? Oder sollte ich nach England oder Amerika gehen, wo die Möglichkeiten für Missionare unbegrenzt waren? Sollte ich Deutschland verlassen? Vieles ist in der Kirche hier auf den ersten Blick staubig und trocken. Unzählige Gemeinden feiern nur noch eine erstarrte Liturgie, und es gibt wenig lebendigen Glauben. Man streitet sich um theologische Fragen, statt miteinander Strategien der Mission und Evangelisation zu entwickeln. Ja, es ist leider so, ich habe das beobachtet.

Aber das ist nur die halbe Wahrheit. Es gibt hier viele gläubige Männer und Frauen, und was an Evangelisation und selbstloser Nächstenliebe in diesem Land geschieht, das ist einfach toll und beispielgebend. Es waren ja auch gerade die Glaubensgeschwister aus Deutschland, die meinen Vater und unsere Familie gerettet hatten.

Mir tat das mit dem „staubigen Land" leid. Ich merkte, dass ich Deutschland lieben gelernt hatte. Nein, hier wollte ich bleiben. Ich wollte mehr von den Christen hier lernen und mich mit einbringen, dass das Evangelium in diesem Land noch viele Menschen erreichte. Aber wie?

Nach der Ausbildung ging es für alle Bibelschüler ins Praktikum. Ich wurde eingeladen, in Geislingen in Baden-Württemberg eine Probepredigt zu halten. Beim Mittagessen fragte mich der Pastor, ob ich in Geislingen mein Praktikum machen wollte. Ehrlich gesagt war ich etwas unsicher. Für chinesische Verhältnisse ist die Stadt mit 26.000 Einwohnern ein Dorf – und mein Wunsch war eigentlich, in einer Stadt mit Fußgängerzone und Studenten zu arbeiten. Aber es war Gottes Weg mit mir. Zweieinhalb Jahre blieb ich dort, bis ich dann eine eigene Gemeinde bekam.

28 Wenn ich an China denke

Natürlich denke ich viel an mein Land. Ich höre von wachsenden Gemeinden. Meine Freunde schicken Mails, sie rufen an und berichten, was Gott alles in China tut. Jetzt ist es für mich noch nicht möglich, wieder dorthin zu gehen. Die Namen meines Vaters und unserer Familie sind sicher noch auf den Fahndungslisten. Aber wenn es Gottes Zeit ist, dann wird das auch wieder möglich sein.

Ich träume davon, dass ich dann der Gemeinde in China mit meinen internationalen Erfahrungen helfen kann. Ich möchte ein Brückenbauer werden zwischen der deutschen Gemeinde mit ihren vielen geistlichen Erfahrungen und der chinesischen Gemeinde. Brückenbauer auch zwischen einem Land der fast unbegrenzten Freiheit und einem Land, in dem es immer noch Verfolgung und staatliche Willkür gibt. Unsere Erfahrungen von Verfolgung und Aufbruch können Deutschland helfen, die chinesischen Christen differenzierter zu sehen. Da kann man vieles als ein modernes Wunder Gottes erkennen. Dies tröstet vielleicht Christen in Deutschland, die traurig über Kirchenaustritte und schrumpfende Gemeinden sind.

Wenn in China zehntausend zum Glauben kommen, dann freuen sich die Engel im Himmel. Aber sie freuen sich auch, wenn in Deutschland einer oder eine Jesus als Herrn annimmt und beginnt, für ihn zu leben.

Ich merke, dass es in Deutschland viele Vorurteile gegenüber China gibt. Einfache Menschen sprechen von der „chinesischen Gefahr“ und meinen den Kommunismus oder die aufblühende wirtschaftliche Macht unseres Landes.

Angst vor Menschen schwindet durch Begegnung. Ich rate allen, die reisen können, sich auf den Weg zu machen und China zu besuchen. Lasst euch nicht nur von den Höhepunkten unserer Kultur begeistern, sondern geht in die Kirchen, sucht die Christen und erfahrt, was Gott dort tut. Ihr werdet mit neuem Mut und neuen Freunden zurückkommen – und vor Freunden braucht man keine Angst zu haben.

Wer mehr über die Arbeit von *AVC – Aktion für verfolgte Christen und Notleidende* wissen möchte, findet Informationen unter den folgenden Adressen. Dort kann auch die zweimonatlich erscheinende Zeitschrift *AVC-report* kostenlos bezogen werden:

AVC
Hassiaweg 3
63667 Nidda
Deutschland
Tel +49 (0)6043-4524
mail@avc-de.org
www.avc-de.org

Paul Hattaway

Heavenly Man

Die atemberaubende Geschichte
von Bruder Yun

384 Seiten, Taschenbuch
mit s/w-Fotos
ISBN 978-3-7655-3788-2

Von der Polizei nach Namen und Wohnort gefragt, will er beides nicht preisgeben, um die Christen in seiner Hauskirche und in seinem Heimatland China nicht zu gefährden. Er antwortet: „Ich bin ein Mann des Himmels. Ich wohne im Evangeliumsdorf." So kommt Bruder Yun zu seinem Spitznamen „Heavenly Man".

Ein Leben wie im Abenteuerroman. Oder besser: wie eine neue Version der Apostelgeschichte. Mit 16 zum Glauben gekommen. Erhält von Gott Aufträge, auch in Träumen und Visionen. Mehrfach verhaftet, aber auf wundersame Weise entkommen. Schließlich doch Gefängnis und schwerste Folterungen. Durch Gottes Gnade standhaft geblieben. Durch ihn und zahllose andere Christen breitet sich das Evangelium in China wie in riesigen Wellen aus.

BRUNNEN VERLAG GIESSEN
www.brunnen-verlag.de

Bruder Yun

Christus hat uns doch befreit!

Heavenly Man –
seine herausfordernde Botschaft

352 Seiten, Taschenbuch
ISBN 978-3-7655-4070-7

Mit seinem neuen Buch will Bruder Yun Gottes Wort und Handeln bezeugen und die Christen im Westen aufrütteln. Damit in ihnen die Freiheit Gottes und die Liebe zu Menschen wieder stark wird und ausstrahlt. Mit vielen Beispielen aus seinem Leben.